El club de los unicornios

PENÍNSULA

El club de los unicornios

Glovo, Cabify, Jobandtalent e Idealista: la historia alternativa del Silicon Valley español

Paula Solanas Alfaro

PENÍNSULA

Primera edición: junio de 2023

Ediciones Península,
Diagonal 662-664
08034 Barcelona
edicionespeninsula@planeta.es
www.edicionespeninsula.com

REALIZACIÓN PLANETA - fotocomposición
Depósito legal: B. 9.940-2023
ISBN: 978-84-1100-153-3

A María, que prefería ir a los sitios «chino chano»

Índice

3
JOBANDTALENT: LA FÁBRICA DE CONTRATOS

4
IDEALISTA: EL NEGOCIO DE BUSCAR TECHO

Así se hace un unicornio

Sebastian Galassi tenía veintiséis años cuando un todoterreno embistió a su ciclomotor mientras repartía un pedido para Glovo en Florencia. Esa noche del sábado, 1 de octubre de 2022, una ambulancia lo llevó a toda prisa por las calles de la ciudad hasta el hospital. Los sanitarios intentaron salvarle la vida, pero no lo consiguieron. Sebastian murió al día siguiente. Lo que sorprendió a su familia, aún en estado de *shock* por la pérdida, fue el correo electrónico que había aparecido en la bandeja de entrada del *rider* poco después del accidente.[1]

La aplicación le comunicaba al repartidor fallecido que su cuenta había sido desactivada por incumplir los términos y condiciones del contrato. La bolsa amarilla con el logo de Glovo y la comida recién hecha nunca habían llegado a su destino. El algoritmo había castigado con un despido a un estudiante de diseño que había empezado a trabajar como mensajero unas horas por las noches y los fines de semana para sacarse algo de dinero extra. Glovo aseguró que todo había sido un error. Argumentó que, al suspender la cuenta para proteger la identidad de Sebastian y evitar que esta se usara de manera fraudulenta, se había enviado ese mensaje automático. Lamentaba lo sucedido, negó que su sistema lo hubiera expulsado por no completar el pedido y reiteró su total apoyo a los familiares de la víctima.[2]

Aunque este episodio fuera un malentendido, la idea de que una aplicación pueda desconectar a un *rider* atropellado a medio reparto justo después de su muerte provocó en muchas personas el mismo estremecimiento. Ponía en evidencia, otra vez, la frialdad con la que una plataforma puede tratar al repartidor gracias al cual se sostiene su negocio.

Cuando leí esta noticia ya hacía algunos meses que intentaba contar en un libro las historias que había detrás de las empresas españolas que, como Glovo, un día habían empezado a llamarse «unicornios». Se trataba de explicar cómo son estas aplicaciones que no solo saben qué pediste la semana pasada para comer, sino muchos otros detalles de tu vida privada. Algunas pueden localizar adónde fuiste cuando te recogió un coche al salir de la cena, identificar a qué zona de tu ciudad te gustaría mudarte o saber si estás pensando en cambiar de trabajo.

Estos animales mitológicos no solo existían en las leyendas de éxitos y fracasos de Silicon Valley. No había ninguna necesidad de irse tan lejos para encontrarlos. Aunque fuera a pequeña escala, también los había en España, y cada vez eran más. Los unicornios son negocios tecnológicos valorados en más de mil millones de dólares. Son los nuevos protagonistas del tejido empresarial y comercial del siglo XXI, a los que hace unos años habríamos llamado simplemente pymes o multinacionales.

Mucho antes, Ctesias de Cnido, un historiador y médico griego nacido en la segunda mitad del siglo V a. C., había descrito por primera vez a un unicornio de una manera muy distinta. Era un ser del tamaño de un asno, con un pelaje blanco reluciente, una crin de color púrpura y un largo cuerno en la frente que, supuestamente, también tenía poderes curativos. Hoy sabemos que estos animales mitológicos no existen y que tal vez el primero en creer que había visto un unicornio lo confundiera con un rinoceronte. Aun así, las *startups* han conseguido darle otro significado a este caballo mágico.

Fue la *business angel* estadounidense Aileen Lee quien decidió en un artículo que los unicornios eran un club muy selecto de 39 compañías tecnológicas.* La mayoría las habían fundado en San Francisco graduados de las universidades más elitistas de Estados Unidos. De hecho, ninguna de ellas tenía a una mujer como consejera delegada. El retrato más fiel de cómo eran entonces sus creadores sería este: hombre, blanco, ingeniero en la treintena que viene de una posición acomodada y que se ha propuesto montar su propio gigante de internet con la ayuda de algunos amigos y un puñado de gestores de capital riesgo.[3]

Lee escogió el unicornio, y no cualquier otro animal, porque esos ejemplos de éxito tremebundo eran escasos, extremadamente raros. Era impensable que alguien —y ese alguien era casi siempre un gran fondo de inversión— quisiera pagar tanto dinero por una empresa que, en muchos casos, generaba más expectativas que benefi-

* En la terminología *startupera*, un ángel inversor sería una persona que aporta parte de su patrimonio a una empresa joven y sin muchos recursos a cambio de un porcentaje del capital. Es habitual que también haga de mentor y abra su red de contactos a los fundadores.

cios. La inversora no hizo una definición milimétrica de este concepto, pero resumió algunas de las características que unían a los integrantes de ese primer club de unicornios:

1. Eran empresas valoradas por sus inversores en más de mil millones de dólares. Cuando a Lee se le ocurrió este concepto, Facebook era el mayor unicornio del mundo, con una valoración de más de 100.000 millones de dólares, pero hoy la primera posición del ranking la ocupa ByteDance, la empresa china propietaria de la red de vídeos TikTok, con cerca de 300.000 millones de dólares.
2. Casi todos los modelos de negocio de estos unicornios podían agruparse en cuatro categorías: comercio electrónico, consumo de audiencias, *software* como servicio y programas para empresas. Pero, en muchas ocasiones, uno de sus grandes activos era, precisamente, la gran cantidad de datos que generaban gracias a los mismos usuarios de sus servicios.
3. De media, a estas empresas les había costado más de siete años tener beneficios, aunque algunas de ellas aún estaban lejos de conseguirlo.
4. El 80 por ciento tenía al menos un miembro fundador que ya había montado otra empresa tecnológica antes. No era extraño que incluso hubiera empezado a meterse en el papel de empresario cuando aún estaba en el instituto.
5. La mayoría de estas empresas seguían con la misma idea de negocio con la que empezaron. Solo

unas pocas habían triunfado después de equivocarse y cambiado la hoja de ruta hacia otra dirección.

6. No había prácticamente ningún tipo de diversidad —de género, raza, clase social o país de origen— entre los perfiles de sus fundadores.

Desde que se empezó a extender el fenómeno, más de 1.200 *startups* en todo el mundo han conseguido presumir de este título tan codiciado.[4] Ser un unicornio incluso ha perdido algo de valor ahora que el rebaño se ha ampliado considerablemente. Y esto ha sido posible gracias a los fondos de inversión que han sustentado durante muchos años un crecimiento frenético. En 2021 se rompieron todos los récords del capital riesgo. Incluso con una pandemia de por medio, los inversores financiaron estas compañías con más de 600.000 millones de dólares en todo el mundo, prácticamente el doble que en 2020.[5] Este sistema, que algunos autores ya han bautizado como «capitalismo de plataformas», no ha dejado de afianzarse en la última década.

Además, la mayor parte de esta gran inyección de capital en empresas tecnológicas no llegó a proyectos pequeños que acababan de empezar en una oficina minúscula, sino todo lo contrario. Más de la mitad fue a parar a los que ya habían recibido grandes cantidades de dinero en el pasado y buscaban dar el siguiente paso para consolidarse. Son plataformas que tratan de expandirse hacia nuevos mercados, engullen a sus competidores y siguen creciendo lo más rápido que pueden para evitar morir de éxito. A menudo su historia termina en uno de estos dos finales: o bien las compra una empresa más grande, o bien salen a bolsa y cruzan los dedos para que la aventura no acabe en un hundimiento de las acciones.

Silicon Valley ha celebrado durante mucho tiempo este ciclo de vida empresarial, en el que se saca pecho por trabajar mucho y dormir poco. En el que los negocios crecen gracias a plantillas de trabajadores en edad postuniversitaria que regalan horas extra a sus jefes. En el que la frontera entre lo profesional y lo personal se difumina muy fácilmente.

España no ha escapado a la fiebre de las *startups*. Tanto el sector público como el privado fomentan la creación de nuevos ejemplares patrios de unicornio, con la idea de que los emprendedores tienen una solución digital a todos los problemas de la sociedad. En mítines políticos y en declaraciones institucionales se ha animado a la creación de campeones nacionales de la tecnología, aunque nadie termine de ofrecer detalles sobre cómo hacerlo posible. Si tantas de estas empresas proceden de Estados Unidos es porque el sector de la defensa movilizó grandes cantidades de dinero para desarrollar tecnologías militares que después terminaban en el ámbito comercial. En un momento en que el paro sigue siendo un problema, la capacidad de ahorro se estanca y hay que dedicar casi todo el salario a pagar el alquiler, la Administración promueve el emprendimiento como alternativa a un desierto de oportunidades laborales para los jóvenes.

En algunos círculos, hoy incluso se ve como un atraso cuestionar el mito del emprendedor o poner en duda algunos modelos de negocio que acumulan premios por su innovación. Defender que el avance de Uber en ciudades como San Francisco supone una competencia desleal respecto a los taxistas es una postura que también ha sido criticada. Pese a que ambos hacen lo mismo, transportar personas de un lugar a otro, la aplicación californiana juega con sus propias normas. Ha incumplido leyes y ha hecho *lobby* en despachos de gobiernos de todo el mundo para conseguir regulaciones favorables, según desveló la investigación periodística de los *Uber Files*.[6] Aun así, hay quien considera que señalar estas sombras es lo mismo que convertirse en un ludita hipócrita, que se opone a esta era de progreso digital mientras se saca un móvil del bolsillo. Es decir, se ha llegado a equiparar mantener una visión crítica con el capitalismo de plataformas a rechazar cualquier tipo de mejora tecnológica. En las repetidas huelgas de taxistas —no solo en Estados Unidos, sino en muchos otros países— siempre ha habido un tertuliano dispuesto a recordar que «no se pueden poner puertas al campo» o que «el problema es que este colectivo no sabe adaptarse» ante las manifestaciones contra el intrusismo laboral de este tipo de aplicaciones.

Algunos de estos proyectos tecnológicos han adoptado un discurso extremadamente positivista que a veces llega a caer en un tono de Mr. Wonderful empresarial. Las promesas siempre son de éxito y las previsiones de resultados recurren a un optimismo excesivo. Del mismo modo a como se profesa la fe en la religión, la solución repetida hasta la saciedad a los problemas materiales de la vida es «sé tu propio jefe». Esto queda muy claro después de leer el libro en el que el escritor Javier López Menacho contaba su experiencia de varios años trabajando para negocios que seguían este patrón a la perfección. La vivencia lo dejó fascinado e incluso presenció el naufragio de algunas de esas utopías. Descubrió que ese *show business* —nunca mejor dicho— en el que se habían instalado algunas *startups* se mantenía gracias al frágil equilibrio entre rondas de financiación millonarias, jóvenes ensalzados al estatus de icono y medios de comunicación que aplaudían sus éxitos.[7]

Los emprendedores se presentan como personas dignas de admiración, individuos que han arriesgado su patrimonio por un sueño y que generan empleo en un momento de penuria económica. La ficción los ha retratado como hombres que visten con sudadera y trabajan sin descanso, reunidos en salas adornadas con pósits de colores y latas vacías de bebidas energéticas. Las *startups* ya forman parte de la cultura pop en todas sus formas de expresión. En 2010, la película *La red social* puso al actor Jesse Eisenberg en el papel de Mark Zuckerberg para encarnar la figura de genio precoz del fundador de Facebook. Al creador de Apple, Steve Jobs, ya lo hemos visto interpretado por Ashton Kutcher y por Michael Fassbender en filmes estrenados con solo dos años de diferencia. La serie de comedia de HBO *Silicon Valley* nos presentó a un grupo de programadores con un algoritmo revolucionario entre manos que tratan de sobrevivir a las dinámicas —tan absurdas como maquiavélicas— de esta industria. El caso del auge y caída de la empresa de *coworking* WeWork y el fraude de Elizabeth Holmes con Theranos también se han convertido en productos para las pantallas, e incluso el despido del polémico consejero delegado de Uber, Travis Kalanick, tiene su propia versión en formato serie.*

Como redactora en un periódico de Barcelona me pasé más de cinco años descubriendo muchas *startups* españolas y sus referentes de Estados Unidos a base de escribir sobre sus logros y fracasos. Trabajando en esos reportajes me sorprendió encontrarme con que muchos de los aspirantes a empresarios que entrevistaba tenían la misma edad que yo —empecé con veintidós años, solo uno menos de los que tenía entonces el fundador de Glovo, Oscar Pierre—. Se habían formado en buenas universidades y usaban muchas palabras en inglés, pero a veces también les costaba compartir información financiera de manera transparente. Las preguntas sobre la facturación o los beneficios de sus compañías a menudo se contestaban con evasivas y una incomodidad repentina en el tono de voz. Entre las historias de empresas pequeñas que salían adelante contra todo pronóstico, me encontré con ejemplos de nepotismo, *mansplaining* y ética cuestionable.**

En parte, quise contar los casos que aparecen en este libro porque los periodistas también formamos parte del

* La emprendedora estadounidense fue declarada culpable en enero de 2022 de tres cargos de fraude y uno de conspiración para defraudar tras convencer a los inversores de que había diseñado una máquina capaz de hacer un análisis completo con una sola gota de sangre. Una investigación del periodista de *The Wall Street Journal* John Carreyrou demostró que el dispositivo no funcionaba y usaba laboratorios convencionales para cumplir sus promesas.

** Este concepto inglés fue acuñado por la escritora y periodista estadounidense Rebecca Solnit para referirse a la situación en la que un hombre explica algo a una mujer con actitud condescendiente, incluso cuando ella demuestra conocer el tema en cuestión.

engranaje que sigue blanqueando a empresas digitales en las páginas de la prensa económica. Tal vez porque es más fácil señalar las vergüenzas de un gran banco o una petrolera que hacerlo con gente joven que viste con vaqueros y camiseta, habla de sus cifras de negocio usando la letra k y te cuenta que se ha hecho a sí misma, aunque no sea cierto.* Cuestionarla puede parecer incluso ir contra un futuro de tecnologías prometedoras y nuevos puestos de trabajo bien pagados. Pero, si vamos a asumir que el día de mañana pasa por usar cada vez más todas estas aplicaciones, deberíamos dedicar el mismo esfuerzo a revisar ciertos discursos de éxito y las otras realidades que ocultan.

Por ejemplo, cuando la empresa de alquiler turístico Airbnb saca pecho por ayudar a pequeños propietarios a llegar a fin de mes, no dice que el 70 por ciento de sus alojamientos en Barcelona los gestionan personas con más de un anuncio en este portal.** A lo largo de las siguientes páginas te encontrarás con negocios que controlan muy bien su imagen pública y destinan muchísimo dinero a que se les perciba como los garantes de la ambición y el dinamismo en un país de burócratas sin

* En inglés, la letra k también se usa de manera informal para referirse a un millar, sobre todo cuando se habla de una cantidad de dinero o del número de seguidores en una red social.

** Los datos salen del proyecto de investigación *Inside Airbnb*, que lanzó en 2016 el activista australiano Murray Cox para denunciar los efectos de la plataforma en la gentrificación y el incremento de los precios del alquiler residencial en las ciudades en las que opera la plataforma. En noviembre de 2022 habían detectado 16.920 anuncios de alojamientos turísticos en Barcelona, de los cuales casi el 60 por ciento eran apartamentos enteros.

iniciativa. El objetivo es contar, a través del rastro de titulares que han dejado en los últimos años, cómo funcionan y qué estrategias siguen para conseguir que incluso cambiemos nuestros hábitos gracias a ellos.

Muchos de estos unicornios nacieron después de que sus fundadores regresaran a España tras varios años estudiando en reputadas universidades norteamericanas. Algunos de ellos volvieron con un modelo de negocio bajo el brazo que habían descubierto en Silicon Valley. Ni Glovo inventó las aplicaciones de reparto a domicilio ni Cabify las plataformas para reservar coches negros conducidos por chóferes con traje. Tampoco Jobandtalent es el pionero de los portales de empleo temporal en línea. Ni mucho menos fue Idealista la primera compañía del mundo en montar una web de anuncios clasificados para encontrar piso. Todas ellas, eso sí, han usado la tecnología para simplificar tareas del mundo físico y comparten una característica básica: acumulan datos sobre nosotros sin parar, los cuales después monetizan de distintas maneras.

Esto no significa que no existan muchos otros unicornios españoles. De hecho, cuando se publiquen estas líneas lo más probable es que unas cuantas *startups* más se hayan alzado con el título. Según qué criterio se aplique, el recuento final de los unicornios españoles puede ser más o menos largo. El fondo de capital riesgo europeo Atomico cerró su lista de 2021 mencionando una docena. No obstante, algunas de estas compañías ya ni siquiera tienen la sede en España u hoy están en manos de los grupos extranjeros que se han encargado de financiarlas para que sobrevivan a la competencia internacional.

¿Quiénes son estas *startups*, sus fundadores y los inversores que han alimentado su crecimiento durante estos últimos años de fervor tecnológico? ¿Cómo han conseguido colarse en las pantallas y el día a día de tantas personas? ¿Qué consecuencias acarrean las fórmulas que han escogido para enriquecerse? Este libro coge como ejemplo a cuatro compañías de internet fundadas en España, aquellas que más debate público y polémicas han generado, ya sea por las condiciones laborales de sus trabajadores, por su complicada relación con la ley o por la posición dominante que ocupan en sus respectivos sectores. Estos cuatro negocios —con sus luces y sus sombras— son paradigmáticos para explicar cómo nuestro país ha importado la manera de funcionar de la industria tecnológica de Estados Unidos, aunque en una versión más asequible y sin tanto *brillibrilli*.

Glovo, Cabify, Jobandtalent e Idealista encajan, además, en la definición que el ensayista canadiense Nick Srnicek acuñó en su análisis sobre el capitalismo de plataformas.[8] Estas empresas se han posicionado como intermediarios que proporcionan la infraestructura básica para que diferentes grupos de usuarios —gente que quiere comida, un trayecto por la ciudad, un trabajo o un piso, y las personas que pueden responder a esta necesidad— interactúen entre ellos. Son multinacionales que funcionan y multiplican su tamaño gracias a un efecto de red: cuantos más usuarios consiguen, más aumenta su valor.

Esta biografía no oficial sobre cuatro empresas españolas que se convirtieron en unicornios se basa en muchas conversaciones con personas que han vivido la experiencia en sus propias carnes. Tanto aquellos que entraron cuando solo eran un proyecto entre antiguos compañeros de clase, hermanos o conocidos, como los que han experimentado la etapa de euforia inversora, juicios y desencuentros con las administraciones. Algunos de los entrevistados pidieron que no se mencionara su identidad real porque temían las represalias de sus jefes o simplemente para que su nombre no quedara marcado en un sector que, pese a crecer tan rápido, es relativamente pequeño. Por eso en algunas partes del texto estas personas aparecen ocultas tras un seudónimo, aunque describo sus vivencias tal y como me las contaron en entrevistas presenciales, por teléfono, videollamada o a través de mensajes en redes sociales. Si su nombre es ficticio, estará indicado entre paréntesis.

Este libro también recoge los testimonios de algunos de los *riders* que subsisten repartiendo pedidos de pizza y sushi, los conductores que siguen atrapados en jornadas de doce horas metidos en un coche, los trabajadores precarios que buscan una salida entre ofertas de empleo colgadas en internet y los activistas por el derecho a la vivienda que denuncian las incongruencias del negocio inmobiliario.

No considero que esta recopilación de historias sea un alegato contra la tecnología ni contra la creación de empresas digitales en España. Las siguientes páginas simplemente pretenden indagar sobre cuál ha sido su evolución y dar un poco más de contexto a su impacto social y económico. En el proceso, he contactado a las cuatro empresas protagonistas para conseguir su versión de algunos de los episodios que se refieren. Jobandtalent e Idealista accedieron a contestar algunas de mis preguntas a través de un cuestionario. Glovo también aceptó a última hora responderme por escrito a algunas de mis dudas. Mientras que Cabify —como está en su derecho— ha optado por no participar, y por lo tanto su punto de vista sobre los hechos relatados no aparece en el libro.

Analizando el contenido de cada capítulo, en el primero descubrimos cómo Glovo ha conseguido convencer a millones de usuarios de las bondades de las entregas a domicilio gracias a su eslogan «ya vamos nosotros». La historia empieza con una familia con raíces en la industria textil catalana y un estudiante universitario de visita en un campus de Estados Unidos. Esta aplicación para satisfacer cualquier recado en unos minutos ha llegado a convertirse en unicornio por el interés de grandes fondos de inversión, pero también a base de desenvolverse en una zona gris de la legislación. Glovo ha invertido mucho en construir una imagen de empresa que crea empleo para personas en los márgenes y en convencer a la opinión pública de su manera de entender el futuro del trabajo. Para sus creadores, vivir con múltiples fuentes de ingresos flexibles nunca ha sido un sinónimo de precariedad.

El segundo capítulo arranca con el día a día de uno de los conductores con traje y corbata que circulan sin parar en coches con el logo de Cabify estampado en la puerta. Esta plataforma de transporte está en el centro de un entramado de empresas que empezó a multiplicarse a raíz de un vacío legal que les permitía competir con el taxi. En este caso, la aplicación centra los mensajes en su sueño de construir ciudades más sostenibles y quitar vehículos contaminantes de las calles. Estos se pueden quedar aparcados mientras sus propietarios reservan un trayecto con otro coche con solo un par de clics en el móvil. Lo que no cuentan es que este proyecto empresarial también se sostiene a base de trabajadores que han llevado su precariedad a los tribunales.

Los protagonistas del tercer capítulo son los fundadores de Jobandtalent y en este aparece el curioso caso de una *startup* que pasó de despedir a una tercera parte de su plantilla a conseguir que los inversores la valoren en más de 2.000 millones de euros. Es el último de estos unicornios en sumarse a la lista, que abandonó su proyecto inicial de crear un Facebook laboral para convertirse en una empresa de trabajo temporal (ETT) completamente digital, en la que tanto las firmas de los contratos como las entrevistas de trabajo tienen lugar a través del móvil. La empresa remontó gracias, precisamente, a empresas como Glovo y Cabify, ya que se ha encargado de conseguir más personal tanto para las flotas de *riders* como para las de conductores de coches negros con botellitas de agua en la guantera.

La última empresa de estos cuatro ejemplos es la más veterana y un referente para todas las que han aparecido después. Idealista fue una superviviente de la burbuja de las puntocoms durante los primeros días de los negocios de internet y ha aguantado en pie más de dos décadas tras cambiar dos veces de propietarios. Sus fundadores, los hermanos Encinar, replicaron el modelo de portal de anuncios inmobiliarios que despuntaba en Estados Unidos hasta prácticamente liderar este sector en España. Pese a defender siempre su posición de intermediario neutral, la empresa participa habitualmente del debate público sobre la regulación de la vivienda en temas tan delicados como el límite a los precios del alquiler. Además, las opiniones políticas de los Encinar en redes sociales y medios de comunicación los han puesto a menudo en el foco por sostener un discurso inequívocamente neoliberal.

Finalmente, en el epílogo aparecen algunos de los modelos alternativos que han aprovechado las ventajas de la digitalización sin caer en la destrucción del tejido empresarial que existía antes de que llegaran ellos y respetando los derechos de sus trabajadores. Desde cooperativas de repartidores que toman el control de la aplicación hasta una plataforma de reserva de habitaciones de hotel en la que solo tienen cabida los alojamientos que garanticen unas condiciones laborales mínimas para sus limpiadoras o una empresa de desarrollo de *software* en la que se prioriza el impacto social de los proyectos.

Es una realidad que incomoda, pero las *startups* también generan precariedad, crean ambientes laborales tóxicos y se saltan las leyes. Siguen siendo negocios que buscan su supervivencia, no organizaciones sin ánimo de lucro. Por eso, el mismo filtro crítico que se aplica para cuestionar las actitudes de una gran multinacional con un siglo de vida debería servir para una empresa joven que reivindica la innovación como su razón de existir.

De hecho, entre algunas de estas compañías con unos pocos años de historia a sus espaldas también encontramos a las responsables de popularizar el fenómeno bautizado como la *gig economy*. Traducido del inglés sería algo así como la 'economía del bolo', una referencia a los músicos que ganan algo de dinero por cada actuación que consiguen. Tocas en un bar, te pagan, y mañana a otra cosa.

Hablamos de disponer de una gran bolsa de trabajadores que compiten por realizar tareas, sin que entre ellos y la plataforma exista ningún contrato laboral. Glovo es el caso más claro de cómo una empresa española ha conseguido generar millones de ingresos (no de beneficios) usando esta fórmula. Pero también lo hace Cabify con sus conductores en algunos mercados de América Latina. Mientras que en España a estos los contratan flotas que cuentan con autorizaciones de transporte reglamentarias —con qué condiciones es un tema en el que entraremos más adelante—, en países como México, Chile o Argentina también pueden ser particulares que «convierten su tiempo en dinero», como promociona la misma empresa en sus anuncios de captación. Algunas de estas formas de operar han sido discutidas por tribunales y gobiernos de todo el mundo, que han intentado pararles los pies. También por los mismos trabajadores que usan estas aplicaciones, como los *riders* o los conductores, que se han organizado para hacer visibles sus condiciones laborales.

No es que no existan en absoluto, pero ni en Silicon Valley ni en la mayoría de las *startups* españolas son muy habituales los sindicatos, los comités de empresa ni las huelgas. Los salarios relativamente altos del sector y la escasez de determinados perfiles —si quieres puedes cambiar de empleo de manera casi instantánea— han mantenido las reivindicaciones laborales alejadas de sus oficinas. En cambio, en estos espacios se ha cocinado a fuego lento una cultura empresarial muy particular. Aunque siempre existe algo de parodia en las descripciones que vemos sobre ellas en la ficción, muchas de estas tecnológicas cumplen con el cliché: sedes cuidadosamente decoradas con los colores corporativos, perros que se pasean por la oficina, servicio de terapia por internet, fruta y café gratis, viernes de pizza pagada por la empresa, horario de entrada flexible, teletrabajo antes que llegara el coronavirus...

Cuando el periodista Dan Lyons contó en un libro su experiencia como cincuentón trabajando para una *startup* estadounidense, describió el ambiente en esa empresa como una mezcla peculiar entre una fraternidad universitaria y una secta. A la escritora Anna Wiener también le sorprendió ver cómo se acostumbraba muy deprisa a los pequeños lujos de su nueva vida como empleada en Silicon Valley.* Los unicornios saben que deben seducir a sus potenciales empleados —esto funciona sobre todo si son jóvenes y no tienen hijos— para que se entreguen en cuerpo y alma a un proyecto que no es suyo. Es habitual encontrarse compañías que endulzan sus condiciones laborales con un salario emocional que trata de quitarles dramatismo a las horas extra y la presión por llegar a los objetivos semanales.

La fidelidad de los subordinados también se puede retribuir con acciones de la misma empresa y la promesa de que tal vez, si el plan sale según lo previsto, algún día llegarás a ser tan rico como tu jefe. Por eso no nos cuesta

* Dan Lyons describió sus peripecias en la empresa HubSpot en el libro *Disrupción. Mi desventura en la burbuja de las startups* (Madrid, Capitán Swing, 2021), mientras que Anna Wiener explicó su periplo *startupero* en su primera obra publicada, *Valle inquietante* (Barcelona, Libros del Asteroide, 2021).

imaginarnos a la plantilla de la *startup* de turno posando junta y sonriente, incluso con la camiseta corporativa a conjunto, como si fuera un equipo de fútbol después de ganar un partido. Ese nivel de compromiso explica que al contactar con muchos de los empleados de estos unicornios para comentar su experiencia con ellos, algunas respuestas fueran reticentes. No se sentían cómodos hablando de la empresa a sus espaldas. Ni siquiera haciéndolo de forma totalmente anónima. Les parecía una traición a una organización que había hecho mucho por ellos.

Antes de empezar a escribir e investigar sobre el mundo de las *startups* como redactora, yo también tuve una primera interacción con este sector algo curiosa. Fue en una entrevista de trabajo justo al terminar la carrera de periodismo. Era una oferta para entrar en una compañía *fintech*, aquellas que defienden en sus discursos ser una alternativa revolucionaria a la banca tradicional. Necesitaba un trabajo y tampoco tenía nada que perder por intentarlo. Me ofrecían un contrato de prácticas remuneradas con un sueldo de quinientos euros para reforzar su departamento de marketing. Para comprobar si daba la talla para el puesto, me pidieron una prueba: que redactara algunos posts para su blog y las redes sociales de la empresa.

Uno de los fundadores, a quien volví a encontrar años después con la misma sonrisa impoluta en su perfil de LinkedIn, me explicó que el horario era muy flexible. La plantilla solía entrar a las nueve de la mañana y salir a las siete de la tarde. Si todo iba bien, en una horquilla de tres a seis meses revisarían mi contrato y, de darse las condiciones adecuadas, pasaría a ser uno de ellos. Me parece que en ningún momento a ese empresario —que ya iba por su segunda compañía pese a que apenas rondaba los veinticinco años— se le pasó por la cabeza que tal vez debía pagarme algo más o pedirme que trabajara menos horas que el resto. A lo mejor creía que me iba a remunerar con entusiasmo.

Yo no me lo pensé mucho: decidí que iba a rechazar ese trabajo y a seguir buscando un poco más. Pero, aunque hubiera dicho que sí y empezado una carrera profesional saltando entre departamentos de comunicación de *startups* de todo tipo, algo me dice que no habría encajado en esa cultura. Había un aluvión de confianza en sí misma en aquella persona que la mayoría de la gente no llegará a experimentar en su vida. El directivo que me entrevistó en aquella pequeña sala acristalada de un vivero lleno de empresas rebosantes de ambición estaba entrenado para seducir con sus ideas a quien se le pusiera por delante: trabajadores, inversores, clientes o periodistas.

El ejercicio que practicó conmigo era el mismo en el que imagino a cualquier emprendedor que intenta cerrar una ronda de inversión para conseguir dinero para su *startup*. La clave de este proceso gracias al cual las tecnológicas consiguen una financiación alternativa a la de los bancos también está en cómo comunican sus sueños de grandeza. Se trata de convencer a alguien, tal vez en lo que dura un trayecto de ascensor, de que tu idea es lo suficientemente buena para ser merecedora de su tiempo y su dinero.*

* En las escuelas de negocios y los cursos para emprendedores se anima a los futuros fundadores de *startups* a preparar y memorizar un *elevator pitch*, un discurso para presentar su negocio en menos de un minuto de la manera más clara y entretenida que puedan.

Algunos emprendedores consiguen este primer empujón gracias a las llamadas «tres efes: *friends, fools and family*. Es decir, que además de a sus amigos y familiares —para eso antes necesitas un círculo íntimo a quien le sobre algo de patrimonio para invertir en pequeñas empresas tecnológicas—, puede ser que enreden a algún «loco» que también quiera un pedazo del proyecto. El objetivo de este inversor es recuperar algún día su dinero y multiplicar todo lo que pueda esa suma inicial, así que lo más probable es que arriesgue su capital en otras *startups* hasta que alguna jugada le salga bien. En las rondas de mayor tamaño, la lógica es la misma pero los números se disparan. Aunque los grandes fondos tienen equipos enteros destinados a analizar las posibilidades de éxito de cada nueva operación, no puedo dejar de pensar que toda esta manera de funcionar tiene algo de casino. En un sistema como este, el caballo ganador compensa las pérdidas que generarán el resto.

Además, estas empresas también han creado una maraña de vínculos y relaciones entre ellas cada vez más grande. PayPal fue la primera que estrenó el uso de la palabra *mafia* para referirse a algunos de sus fundadores. El término no implica que cometieran ningún delito, sino que se emplea para hablar del grupo de trabajadores que, al salir de la plataforma de transferencias de dinero, se dedicaron a seguir montando negocios como Tesla, YouTube, LinkedIn o la aplicación para dejar reseñas de restaurantes Yelp. Ellos mismos abrazaron el apodo posando disfrazados de gánsteres en una sesión de fotos para la revista *Fortune*.

Aunque a menor escala, en España también contamos con algunos de esos clubs de emprendedores en serie salidos de una misma empresa. Pero hay un nombre que destaca por encima del resto: el de Tuenti. Pese a que nunca llegaron a convertir su red social en un animal mitológico, sus fundadores e inversores iniciales son algunos de los *startuperos* más transversales en la historia de los unicornios españoles. Después de vender la empresa y convertirse en millonarios cuando apenas habían cumplido treinta años, invirtieron en Glovo, hicieron negocio con los coches de Cabify o aportaron dinero para poner en marcha Jobandtalent. Además, uno de ellos ya había estado en el núcleo de directivos que creó Idealista en la prehistoria de estos negocios de internet españoles. De todas estas compañías han seguido saliendo trabajadores que, después de ganarse bien la vida durante algunos años, también han decidido fundar su propia empresa.

En su ensayo *The Game*, el escritor italiano Alessandro Baricco describió a los creadores de esta nueva realidad digital como *nerds* ingeniosos y dispuestos a jugar a un juego inventado por ellos mismos.[9] A veces ni siquiera tienen rivales y pueden irrumpir en un mercado sin competencia, pero los mueve una obsesión por romper límites, superar récords y derribar marcas personales. Este ego ha impulsado la creación de tecnologías que hoy en día usamos constantemente y está detrás de los nombres de experimentos convertidos en negocios millonarios. Google, Apple, Facebook, YouTube, Amazon, Spotify e incluso YouPorn son herederos de esta forma de pensar que empezó como algo casi revolucionario.

El gesto de pedir comida con una aplicación —impensable en 1994, cuando por primera vez alguien usó internet para que una pizza de Pizza Hut llegara hasta a su casa de California— ahora ni nos inmuta y está integrado en muchas rutinas de viernes noche sin ganas de cocinar. De forma instantánea, con unos pocos movimientos de dedo en el móvil, podemos pagar por un sinfín de productos y servicios. Ya no es solo esa pizza; contamos con un catálogo inacabable de ropa, viajes, muebles, libros, aparatos, alimentos... Cualquier cosa que desees la tendrá un vendedor expectante al otro lado de la pantalla.

Todavía hoy hay muchas personas interesadas en generar las condiciones más favorables para que sigan apareciendo negocios con ese espíritu rompedor y la ambición suficiente para convertirse en unicornios. Pero estas empresas, que han sabido vender las ventajas de la inmediatez a medio mundo, también generan dudas. A pesar de que estos unicornios españoles no cotizan en bolsa y eso les facilita guardar bajo llave muchos de sus datos, en este libro hemos intentado explicar cómo funcionan y qué impacto tienen sobre la sociedad y las condiciones del mercado de trabajo, más allá de satisfacer nuestras necesidades como espectadores del capitalismo digital.

I

GLOVO: LOS MAYORDOMOS DEL SIGLO XXI

La mochila amarilla

David no ha vuelto a subirse a una bicicleta. La suya sigue ahí, aparcada en un rincón del piso, en el barrio de Horta de Barcelona; hace casi cuatro años que no la coge. Que no la *quiere* coger. Ni la toca, aunque siempre le había parecido útil para los paseos del domingo y los trayectos al trabajo. Pero después del verano de 2018, pensar en pedalear le revuelve el estómago. Esa bicicleta negra ahora es el recuerdo de unos meses de muchísima ansiedad. La imagen del trabajo más precario que ha aceptado en su vida: hacer de *rider*.

El desgaste mental y físico fue bestial. Lo recuerda mientras hablamos por teléfono una tarde de octubre, años después, al salir de su trabajo actual. No solo era la carga en las piernas o en la espalda, sino sobre todo lo que comportaba psicológicamente. Aún ahora le vienen imágenes de los momentos en que pensó que se la había jugado porque un coche estuvo a punto de pasarle por encima. La dinámica de entregar pedidos para Glovo lo animaba a ir como un loco con la bici. Al menos a David no le pasó como a algún otro repartidor que se había llegado a abrir la cabeza. Pero, si no trabajaba, no mejoraba la puntuación, no conseguía mejores horarios y no ganaba más dinero. Tenía que estar al cien por cien, ir más deprisa. Siempre era estresante, agobiante.

David tenía cincuenta y tres años y no sabía dónde se metía cuando abrió la aplicación por primera vez. Después de un silencio para coger aire, empieza a recordar el verano en que aprendió qué era un *rider*. En su caso, alguien que trabaja ocho horas al día, seis días a la semana, pedaleando entre coches por conseguir un sueldo mínimo.

Para situarnos: David llegó a Glovo por una situación personal complicada. Sus ingresos iban a bajar prácticamente a cero por un tiempo y una amiga le habló de esas plataformas tecnológicas que te permitían trabajar algunas horas al día repartiendo pedidos a domicilio para conseguir un dinero extra. Él casi ni sabía qué eran. Apenas se había dado cuenta de que últimamente había cada vez más personas cargadas con mochilas amarillas que recorrían Barcelona en bici, moto, patinete o incluso a pie. Él es diseñador gráfico. No había trabajado nunca de mensajero, pero le gustaba hacer deporte y le pareció una solución más o menos rápida a sus contratiempos económicos.

Cada mañana ponía en marcha la misma rutina. Salía sobre la una del mediodía para llegar a la hora punta al McDonald's de la plaza de las Glorias. Enseguida le daban la bienvenida las hamburguesas de un euro, las cajas de colores del Happy Meal y ese olor a patata frita que se te mete en el cerebro en cuanto cruzas la puerta de un local. Si le entraba hambre a él, sacaba el bocadillo que se había preparado en casa y se sentaba a comer en un banco de la avenida Diagonal. Un pedido, otro, el siguiente. A un buen ritmo y pisando fuerte los pedales, podía llegar a tres entregas a la hora. La jornada se acababa a las diez de la noche entre semana y se alargaba hasta la una de la madrugada los viernes y los sábados, los días de más actividad. Llegaba a casa agotado, se preparaba un plato cargado de hidratos de carbono y se iba a dormir. Al día siguiente volvía a la misma historia, al mismo bucle.

El lunes, día de descanso para muchos restaurantes, también era el suyo. Pero el martes la rutina empezaba de nuevo. Este ciclo se prolongó durante tres meses, en los que perdió seis kilos por el estrés. Era agotador vivir pendiente de la próxima notificación que le llegaba al móvil. Tampoco ayudó el conductor que una noche le gritaba desde su Mercedes que cómo no le daba vergüenza trabajar de repartidor a su edad. Ni el cliente que le recriminó que la hamburguesa le había llegado fría y sin queso. Ni las llamadas desde las oficinas de Glovo para que se diera prisa porque un pedido importante estaba tardando demasiado. Pero, sobre todo, porque después de las jornadas extenuantes, de los trayectos soportando una tormenta de verano y de asumir el coste de la cuota de autónomos y los demás gastos fijos, a su cuenta apenas llegaban unos mil euros al mes.

Como otros en su situación, un día de finales de verano David dijo basta y hoy sigue sin montar en bici.

El tataranieto

La explosión en España de Glovo y muchas otras aplicaciones de reparto a domicilio no se produjo por sorpresa ni por casualidad. Era la consecuencia natural de algo que hacía años tomaba forma en las salas de reuniones de Silicon Valley y que tarde o temprano iba a contagiar a otros rincones del mundo. A diferencia de Estados Unidos, aquí el negocio empezó como algo un poco más austero. Pero, aunque las oficinas no tenían tantos metros cuadrados y las inversiones eran de menos ceros, el objetivo de estas empresas era el mismo: llenar muchas más ciudades de repartidores fatigados a costa del mito de que, si te lo propones, tú también puedes llegar a ser tu propio jefe.

A esta manera de funcionar se la bautizó como la *gig economy*. Eran plataformas que buscaban poner de acuerdo a proveedores y compradores para proporcionar un servicio. Ya fuera llevar a alguien en coche de un sitio a otro, entregar un paquete urgente, montar un mueble o limpiar una casa en tiempo récord. El concepto de *freelance* se abrió a todo tipo de trabajos que siempre se habían regido por contratos laborales, porque ahora un montón de compañías tecnológicas lo hacían posible.

En 2008, la norteamericana Leah Busque dejó su empleo en la multinacional de la informática IBM para crear una página web. Se llamaba RunMyErrand («Encárgate de mi recado») y, según cuenta, se le ocurrió un día en que necesitaba comida para su perro pero no tenía tiempo para ir a comprarla ella misma. Con su aplicación, cualquiera del centenar de *runners* registrados en la plataforma podía asumir el encargo. Estos eran autónomos, no trabajadores con nómina. Cuando querían ganar algo de dinero, consultaban las tareas disponibles y participaban en una especie de subasta para conseguir uno de los minitrabajos. Hoy esta empresa se llama TaskRabbit y la terminó comprando Ikea, pero su esencia no ha cambiado: es un gran mercado virtual de mano de obra relativamente barata.[1]

Oscar Pierre y Sacha Michaud, los fundadores de Glovo, también vieron el potencial de esta idea y la importaron a España. Después llegarían los juicios, las sentencias y el conflicto laboral que ha dividido a la opinión pública en nuestro país. La aplicación que a lo mejor tienes en el móvil para esos días en que te da pereza cocinar se terminó convirtiendo en un unicornio. Pero, para entender cómo Glovo llegó a ser la empresa que es hoy en día, hay que remontarse unos siglos atrás hasta otro momento clave para la historia del capitalismo. Entonces internet aún no era la materia prima necesaria para enriquecerse. Retrocedamos un poco en el tiempo. Concretamente, al siglo XIX.

Perder Alsacia fue, para los franceses, como quedarse sin un pedazo de su orgullo. En 1871, cuando se anexionó a Alemania, este pequeño territorio era uno de los más industrializados del país. Hacía poco que sus habitantes habían pasado de ver solo molinos en la orilla de los ríos a, por primera vez, observar humo en las fábricas. De trabajar en los talleres y las herrerías a operar las máquinas que convertían el algodón en una mercancía muy valiosa. En Alsacia también nacieron los cerveceros que trajeron a España las marcas Damm y Moritz. Y aquí, en este rincón del centro de Europa, es donde empieza la historia de Glovo.

Nadie sabe muy bien si Pablo Pierre Zwilling nació en Mulhouse, bautizada como «la ciudad de las cien chimeneas» o «la Manchester francesa» por su pasado industrial. Tal vez fue en Estrasburgo, que hoy es la sede del Parlamento de la Unión Europea. Quizá se criara en Eguisheim, un pueblecito bucólico lleno de casas de madera de colores a pocos kilómetros del río Rin. Pero, en el fondo, este dato no nos importa mucho. Basta con imaginarnos que creció en los tiempos en que Europa aún estaba aprendiendo qué eran las fábricas, las colonias, las familias obreras y la burguesía industrial, quién movía realmente los hilos de todo este engranaje.

Para el caso que nos interesa, la vida de Pablo Pierre Zwilling empieza a finales del siglo XIX, cuando decidió emigrar rumbo al sur. El viaje se alargó hasta que encontró un lugar adecuado donde instalarse. Cruzó la frontera francesa y se detuvo en un pueblo del prepirineo catalán: Sant Joan de les Abadesses. Aunque entonces ya se habían empezado a explotar las minas de carbón de Ogassa, a pocos kilómetros de la villa, el paisaje de aquel municipio que apenas alcanzaba los tres mil habitantes seguramente no distaba mucho de su Alsacia preindustrial.[2] De hecho, la mayoría de los vecinos aún vivían sobre todo de sus propios cultivos y ganado.

Según los archivos del pueblo, en 1912 este alsaciano funda su propia empresa textil y la bautiza, sin complicarse mucho la vida, con sus siglas: PPZ.[3] Y aquí la historia se acelera. En pocos años la planta contaba con casi 200 trabajadores y 3.600 husos para hilar. Se convirtió en una de las primeras en producir ovillos de lana a escala industrial en España. Las aguas del río Ter hicieron funcionar durante décadas una fábrica que compartía espacio con otras colonias textiles. Años más tarde, la compañía también abrió una sede más cerca de Barcelona, en Sabadell.

Una vecina de Sant Joan de les Abadesses aún recuerda el autobús con las letras PPZ escritas bien grandes en el chasis que llevaba a los trabajadores hasta la planta, la música sonando en los guateques que la familia Pierre celebraba en su casa y a sus hijos haciendo atronar las motos de trial por las afueras del pueblo. El negocio de lanas aún pasó por dos generaciones más de empresarios antes de desaparecer: el abuelo de Oscar es quien cerraría finalmente aquella primera planta de Pablo Pierre Zwilling. La crisis industrial de principios de los años setenta se llevó el legado de esta saga, que resurgió décadas más tarde, ya en el siglo XXI, cambiando la revolución industrial por la tecnológica.

Su tatarabuelo seguramente estaría orgulloso de que el apellido Pierre vuelva estar ligado, tantos años después, a un nuevo cambio de paradigma del capitalismo. Y esta vez no hizo falta un río ni una fábrica para poner los cimientos de una corporación millonaria, sino los inversores adecuados y muchos, muchísimos repartidores.

Oscar Pierre nació en 1992 en la Barcelona olímpica. Su imagen cumple a la perfección con el uniforme no oficial del emprendedor de Silicon Valley. Lleva gafas de montura redonda, camisetas básicas de colores neutros, vaqueros y zapatillas, y nunca aparecerá en un evento con corbata o americana. Es rubio, alto y de ojos azules.

Sus años de estudiante los pasó, como sus dos hermanos, en un colegio concertado del barrio de Pedralbes, el segundo con la renta per cápita más alta de la ciudad catalana.[4] Allí conoció a Elena, su novia desde los dieciséis años y con quien ha fundado Zikomo, una ONG para financiar la educación de niños en Malawi.

Mientras muchos de sus compañeros de clase escogieron la carrera de Economía o Empresariales al graduarse, Oscar optó de primeras por la Ingeniería Aeronáutica. Aunque realmente solo ha puesto en práctica ese diploma durante medio año de su vida, cuando era un becario que deambulaba dentro de los hangares del gigante francés Airbus en Toulouse. La experiencia en el fabricante de aviones lo aburrió, como contó él mismo años más tarde en una entrevista en la contraportada de *La Vanguardia*.[5] La industria le parecía demasiado lenta, no veía resultados y solo pensaba en volver a casa. En cuarto curso avisó a sus padres de que no iba a darles otra oportunidad a los reactores y las turbinas.

Oscar terminó la carrera en un campus de edificios de tejas rojas, en el que para llegar a clase hay que cruzar un parque de césped verde vigilado por una estatua de Albert Einstein. Mientras estudiaba en la Universidad Georgia Tech, en Atlanta, al sur de Estados Unidos, no pudo evitar fijarse en algo: allí los estudiantes usaban aplicaciones para que los llevaran en coche de un lado a otro. El precio final del trayecto lo decidía un algoritmo. El cliente desconocía cuál era esa fórmula sagrada, igual que el conductor que usaba esa plataforma para subsistir. En ese lado del Atlántico, los trayectos en coches de Uber y Lyft ya eran más habituales que novedosos. En los pasillos de los supermercados, Oscar se cruzaba con personas cargadas de bolsas que no llenaban el carro de productos para sí mismas. Seguían atentamente en sus móviles la lista de la compra de otra persona: algún usuario de Instacart, Postmates, GrubHub, DoorDash o cualquier otra de las aplicaciones de reparto a domicilio que existen para llenar la nevera sin moverte de casa. También se empezaban a ver mochilas con sus logos cargadas en las espaldas de jóvenes (y no tan jóvenes) mensajeros. En Estados Unidos había muchos indicios de aquello que se acabaría bautizando como el capitalismo de plataformas. Y ese negocio era demasiado evidente para que el futuro creador de Glovo no se preguntara cuál era la mejor manera de traerlo a España.

Aun así, el primer paso hacia lo que otros chicos jóvenes y recién salidos de buenas universidades como él acaban llamando «montar algo» no fue Glovo. Oscar se estrenó como joven empresario con LoveItLocal, un mercadillo en internet para promocionar productos de artesanos locales. Pero monetizar el trabajo de artistas emergentes tampoco era lo suyo.

Pese a nacer más de un siglo después que su tatarabuelo alsaciano, Oscar Pierre creció rodeado del germen empresarial. Tanto su tío como su padre siguieron con la tradición familiar de fundar negocios, aunque ya alejados de las lanas y las colonias textiles. El primero de los dos hermanos lo hizo con un bufete de abogados que lleva su nombre y el segundo a través de una serie de emprendimientos tecnológicos. El padre de Oscar, Oscar Pierre Prats, creó una firma de *software* que acabó comprando una multinacional china, y hoy aún se encuentra al frente de su propia compañía digital.*

Entre aventura y aventura empresarial, también pasó por el consejo de administración de Radiotelevisión Española. Fue nombrado consejero a propuesta de la antigua Convergència i Unió y ocupó el cargo durante seis años, de 2012 a 2018, cuando ya se le empezaba a conocer más como «el padre del fundador de Glovo» que por sus propios negocios. Además, una de sus hermanas —es decir, la tía de Oscar— está casada con uno de los hijos de la familia Martí, propietarios del grupo de transporte catalán Moventia.**

Esta estela de empresarios conectados por un mismo árbol genealógico sigue por el lado materno. La madre de Oscar Pierre es hija de Amadeu Miquel Ballart, uno de los tres hermanos que fundaron la cadena de distribución alimentaria Miquel Alimentació.*** La familia tiene raíces en el Empordà y se les estima un patrimonio

* Pierre padre vendió su empresa de *software* a la firma china CDC en 2005. Hoy en día es el presidente y consejero delegado de Aggity, una compañía de soluciones digitales que en 2022 facturó cerca de 30 millones de euros y entonces tenía una plantilla de 295 trabajadores.

** Moventia es una empresa de catalana que opera desde concesiones de autobuses hasta servicios de bicicletas públicas. Esta compañía registró unas ventas de 575 millones de euros en 2020 y contaba con una plantilla de cerca de 5.000 empleados.

*** El grupo Miquel, que llegó a facturar más de mil millones de euros al año, pasó a manos de la multinacional china Bright Food en 2015 y en 2021 lo volvió a comprar la empresa suiza Transgourmet por 230 millones de euros. La actual Transgourmet Ibérica es la propietaria de más de ochocientas franquicias de supermercados con las marcas Suma, Proxim y Spar.

cercano a los 520 millones de euros, suficiente dinero para ocupar el puesto número 107 en el ranking de grandes fortunas españolas que elabora cada año el diario *El Mundo*.[6]

Del matrimonio entre los Pierre y los Miquel nacieron, además de Oscar, sus hermanos Maria y Marc. Ella estudió Administración y Dirección de Empresas en Londres y ha trabajado para las cadenas de moda catalanas Mango y Desigual, mientras que el benjamín de la familia también puso en marcha su propia empresa. Después de trabajar durante un tiempo en Glovo, siguió los pasos de su hermano y creó Renty en 2021. Era una plataforma para alquilar cualquier tipo de objeto, desde electrónica hasta muebles y ropa, con un discurso que tomaba prestado de la filosofía de «vivir mejor con menos». El trayecto fue corto. Seis meses después del lanzamiento, la aplicación se integró dentro de otro portal que también ofrece suscribirse a productos en vez de comprarlos. Marc ya prepara otra *startup*.

Prácticamente en paralelo al nacimiento de Glovo, otro Pierre también intentó hacerse un hueco entre los puestos de esas listas que riegan con elogios y expectativas a los futuros empresarios de España. El primo de Oscar, Carlos Pierre Trias de Bes, dejó su trabajo como auditor en la multinacional PricewaterhouseCoopers para crear Badi, una aplicación que se ganó rápidamente el apodo del «Tinder de los compañeros de piso», porque mezclaba los *matches* del mundo de las citas con el mercado de alquiler de habitaciones. En 2018 consiguió cerca de ocho millones de euros de inversores extranjeros y trasladó su sede a Estados Unidos, concretamente a Delaware.[7]

Este estado del noreste del país es la sede de cerca de 1,8 millones de entidades empresariales, que llegan atraídas por el trato más amable que reciben en este territorio, donde viven alrededor de un millón de habitantes. En Delaware el impuesto de sociedades federal es del 8,7 por ciento y no hay tasa estatal sobre las ventas.[8] Aun así, la justificación oficial de muchas *startups* españolas es que instalar allí su domicilio es una condición *sine qua non* para recibir dinero de las grandes firmas de capital riesgo norteamericanas. En la práctica, este traslado también dificulta conocer las cifras de negocio, ya que cuando sus matrices migran a Delaware estas empresas solo están obligadas a presentar las cuentas anuales de sus filiales nacionales ante el Registro Mercantil español.

No hace falta ver los resultados financieros de Badi para afirmar que el golpe de la pandemia fue muy duro para la compañía de Carlos Pierre. Los estudiantes universitarios y los trabajadores extranjeros jóvenes que se habían mudado a España para encontrar un poco de sol ya no buscaban piso en su aplicación. La empresa redujo la plantilla a la mitad: de un centenar a cerca de cincuenta trabajadores. Badi aplicó un expediente de regulación de empleo (ERE) y tuvo que dar marcha atrás en la expansión internacional que tenía planeada para ese año, con una nueva oficina en Nueva York que nunca llegó a inaugurarse. Tras un bache en el que hubo dudas sobre sus posibilidades de sobrevivir, los tres fundadores les recompraron el 80 por ciento de la empresa a los inversores.[9]

La última de los Pierre —y la única mujer— en sumarse a esta lista de primos emprendedores, tan poco común en la mayoría de las familias españolas, es Claudia Pierre Trias de Bes, la hermana mayor de Carlos. Después de trabajar en el bufete de abogados de su padre, en 2021 fundó Meeting Lawyers, un servicio para que las grandes empresas hagan sus consultas legales a través de chats y videollamadas. El presidente del consejo de administración de la compañía no es otro que el fundador de Ciudadanos, Albert Rivera.

Antes de meterse en el universo *startup*, Claudia había emprendido otros proyectos. Por ejemplo, creó dentro del bufete Pierre un equipo de abogados, mediadores y personal de seguridad especializado en desalojar viviendas okupadas. Ellos mismos se definen como «líderes en desalojos de okupas y desahucios exprés» y prometen recuperar los inmuebles «de la forma más rápida y eficaz». «Contacté con Desalojo-Okupas y en dos días tenía siete demandas interpuestas en el juzgado. Consiguieron que todos los inquilinos se fueran y, además, que los condenasen al pago de todas las rentas debidas, así como al pago de las costas», celebra victorioso Jacobo entre las historias de éxito de su página web.

Este es el retrato de una familia que procede de una clase social muy evidente. La que, en Cataluña, en verano sale a navegar en barco entre las rocas de la Costa Brava y pasa los inviernos al calor de la chimenea entre las montañas de la Cerdaña. Los primos Pierre han nacido en un entorno donde se puede normalizar que tus dos abuelos hayan hecho carrera como empresarios. En esta dinastía que comparte mesa cada año por Navidad, conceptos como dividendo, junta de accionistas o rentabilidad nunca han sonado extraños.

Oscar solo tenía veintidós años cuando fundó Glovo. Hoy ya es un treintañero y tiene a su cargo una plantilla de más de 4.000 empleados en todo el mundo. Además de decenas de miles de repartidores que cada día abren la aplicación esperando recibir un pedido y cobrar una tarifa sobre la cual no tienen ningún control real. Se les puede ver por las calles de 1.400 ciudades en 25 países. La misma mochila amarilla atraviesa en un día gélido una avenida en Biskek, la capital del Kirguistán, mientras otra esquiva coches y camionetas bajo el sol en una calle de Abiyán, en Costa de Marfil, a cuarenta grados. Pero para llegar hasta sus historias, las de los *riders*, había que pasar antes por Alsacia.

¿Y SI MONTAMOS ALGO?

¿Quieres una hamburguesa para cenar? Te la traemos. ¿Te has dejado las llaves y necesitas la copia que tiene tu hermano? Nos encargamos. ¿Te urge mandar un ramo de flores, pero no tienes tiempo? No te preocupes, alguien puede hacerlo por ti.

Antes de que Glovo pudiera cumplir cualquiera de estos deseos, alguien tenía que poner la primera piedra. Y eso sucedió en 2014. Ese verano se creó el prototipo de lo que pretendía convertirse en un recadero digital, una aplicación para pedir lo que fuera y cuando fuera. El primer logo de la empresa era el dibujo de un globo aerostático que podía aparecer mágicamente en la otra punta de la ciudad con tu capricho hecho realidad. Bueno, mágicamente no. La operativa se sostenía gracias a una flota de repartidores que se encargaban de todas esas entregas, ya fueran en bici, en moto, a pie o con un coche para cargar en el maletero los bultos más grandes.

Aunque su nombre nunca aparece en las historias sobre los orígenes de la empresa catalana, Oscar no estaba solo cuando nació Glovo. Empezó a aprender qué significaba crear tu propia *startup* junto a otra veinteañera de Barcelona, Marta de Damborenea. Se conocieron porque ella y una amiga tenían un blog donde hablaban de pequeños proyectos y Oscar les pidió que escribieran algunos textos para su mercadillo virtual de artesanos locales. Marta estudiaba Derecho en Esade y muchas noches su madre le insistía para que le bajara a buscar sushi a un restaurante japonés que no tenía entrega a domicilio. A veces, por pura pereza, fantaseaba con la idea de darle cinco euros a alguien para no tener que ponerse la chaqueta y salir ella misma a recoger las bandejas con makis y fideos yakisoba.

Hasta que comentó esa posibilidad con Oscar y juntos montaron una web rudimentaria con la que recibían los pedidos de comida a través de un correo electrónico. De hecho, a los primeros repartidores de Glovo los avisaban por WhatsApp a toda prisa cuando llegaba el mensaje de un cliente. La abuela de Marta los mandaba a menudo a hacerle la compra al mercado de La Boquería y usaban el despacho de su abuelo en el cruce de la rambla de Catalunya con la calle Rosselló como oficina provisional.

Pero a los pocos meses la empresa ya no tenía cofundadora. No queda del todo claro por qué Marta salió de Glovo antes que se convirtiera en esa *startup* que ha llegado a suscitar tanto rechazo como admiración; depende de a quién le preguntes. Su marcha sucedió justo después que entrara la primera ronda de financiación de la empresa, para la que nunca llegó a estampar su firma. Los inversores no veían claro que no se dedicara a tiempo completo a la aplicación y, por así decirlo, le enseñaron dónde estaba la puerta para que se marchara por su propio pie. Vendió su parte del proyecto tan solo cinco meses después de fundarlo. La versión de Glovo es que Marta formó parte de la empresa en su fase más inicial, antes de que se lanzara el servicio, y que en febrero de 2015 ya estaba fuera.

Ese embrión de Glovo entró en una aceleradora para *startups* propiedad de Carlos Blanco, unos de los empresarios de este mundo de negocios digitales en Barcelona. Muchos de los que controlan este tipo de programas acostumbran a ser emprendedores ya consolidados —casi todos hombres— que invierten en distintas compañías, esperando que al menos una de ellas les de beneficios. El trato era recibir ayuda en forma de sesiones de formación y charlas. A cambio, claro, de un porcentaje de la empresa. Oscar encargó la versión primitiva de Glovo por 10.000 euros a una empresa de desarrollo web de Siberia. Casi no funcionaba, pero era algo que podía mostrar en esos foros en los que directivos con los bolsillos llenos buscaban dónde poner su dinero.*

* Este detalle tan curioso aparece explicado en el *Yellow Book*, un libro de bienvenida a la empresa que editó la misma Glovo para explicar algunos de los hitos más importantes de la historia de la plataforma.

Antes de entrar en el programa, Oscar ya se había reunido con otro potencial inversor, un gestor de capital riesgo que le presentó su padre, en una cafetería de la zona alta de Barcelona.* En la primera ronda de financiación de 140.000 euros se sumaron otros mentores, pero el contacto más importante que Oscar hizo durante esos primeros meses de vida de Glovo se llama Sacha Michaud.

Sacha nació en Londres, hijo de una inglesa y un canadiense, aunque por el trabajo de su padre también vivió temporadas en países como México o Guatemala. Nos lo podemos imaginar con la melena pelirroja asomándole por debajo de una gorra mientras repartía periódicos después de clase o ayudaba al lechero un par de mañanas a la semana, dos trabajos que combinó durante su adolescencia. Siempre le habían gustado los deportes y en la escuela jugaba al fútbol y al *rugby*, pero con un condicionante: su estatura.[10]

Un día, un amigo de su abuelo lo llevó a visitar los caballos que estaba entrenando en su finca. Comenzó a aprender a montarlos y a los dieciséis años se estaba labrando una carrera deportiva como *jockey*, para la cual ser bajito y peso pluma eran más bien un requisito indis-

* Así lo contó más tarde la periodista catalana Mar Galtés en su libro *Barcelona startup. Historia e historias del mayor ecosistema tecnológico y digital del sur de Europa* (Barcelona, Libros de Cabecera, 2020). Ese inversor era Josep Sanfeliu, por entonces el gestor principal de Ysios Capital, un fondo de capital riesgo especializado en el sector biotecnológico. En febrero de 2015 también entraron inversores como Rubén Ferreiro (Viko), David Tomás (Cyberlink), Guillermo Llibre (Housell/Lanai Partners), Francesc Pi (Privalia/Veepee), Pere Mayol (Avatar Cognition) o el mismo Carlos Blanco.

pensable. La equitación le permitió a Sacha vivir un año en Estados Unidos, hasta que se dio cuenta de que no era nada fácil triunfar en la más alta competición. Mientras pensaba en su siguiente paso, visitó a su madre en Barcelona, adonde se había mudado. Ahí terminó de decidirse a cambiar el deporte profesional por los ordenadores y empezó a estudiar para ser programador informático.

Esto sucedió a finales de los años noventa, en pleno *boom* de las puntocoms. Entonces la euforia del momento empujaba a crear negocios que pudieran exprimir ese gran invento que era internet. Sacha empezó montando su propio portal, pero el gran salto llegó al fichar por un sector tan controvertido o más que el reparto a domicilio: el de las apuestas deportivas.* Este negocio lo conectaba de nuevo con sus días de *jockey*. Durante nueve años fue el director general para la península ibérica de Betfair, una de las principales firmas de esta industria en el Reino Unido.**

Cuando Sacha abandonó esta multinacional, ya tenía un plan y algunos inversores dispuestos a poner dinero para crear una nueva aplicación de pedidos a domicilio. Fue entonces cuando le presentaron a un chaval de veinte años que acababa de llegar de Estados Unidos con la

* En 1997 Sacha Michaud creó LatinRed, un portal de internet en castellano que llegó a tener diez millones de usuarios. En tres años ya lo había vendido a Starmedia, el grupo de páginas web que en aquel momento era líder en el mercado de habla hispana.

** Sacha Michaud también fundó la asociación española de empresas del juego en línea JDigital, de la cual fue presidente seis años. A través de esta organización se dedicó a hacer *lobby* en favor de los intereses del gremio y a criticar la hiperregulación del sector, que, en su opinión, suponía un freno a la innovación que generaban las apuestas.

misma idea que había tenido él. Oscar era el joven brillante, pero sin experiencia en el mundo de las *startups*, mientras que Sacha era el directivo curtido que quería probar con algo nuevo en una industria llena de promesas. A las dos semanas ya eran socios. Tras la salida de Marta, Sacha se convirtió *de facto* en cofundador de Glovo y nadie le ha arrebatado nunca ese mérito.

El equipo inicial constaba de seis trabajadores que ocupaban algunas mesas de las oficinas de la aceleradora en el barrio barcelonés del Eixample. Eran los dos fundadores, un especialista de marketing, un diseñador, un agente de operaciones y un programador.

Barcelona les sirvió de prueba piloto y en unas semanas ya tenían un puñado de repartidores en la flota. Tras una breve entrevista para explicarles las condiciones y unas horas de formación, los mensajeros solo tenían que darse de alta como autónomos. Eso implicaba asumir gastos como la gasolina, las reparaciones o los datos del móvil para estar siempre conectados a la plataforma. Necesitaban tener un vehículo propio y un iPhone, porque al principio la aplicación aún no funcionaba para móviles Android. Les pedían una última cosa: «actitud positiva y sonreír mucho». A veces no había suficientes *riders* y el personal de la oficina terminaba saliendo a hacer algunos de esos primeros encargos.

Mientras Oscar y Sacha ponían en marcha la operativa, otros dos empresarios intentaban hacer lo mismo, también en Barcelona. Miguel Vicente ya había dado el pelotazo con la venta del portal de cupones Letsbonus y era uno de los fundadores (con Agustín Gómez y Gerard Olivé) de Wallapop, el mercadillo de objetos de segunda mano en versión digital que ha amueblado tantos hogares españoles con un presupuesto de decoración precario.

Con Olivé también había creado Antai, un *venture builder*. Así es como se refiere el mundo *startup* a una especie de fábricas de empresas, que a menudo copian directamente modelos de negocio que ya funcionan en Estados Unidos y luego buscan directivos con experiencia para que los gestionen. En Antai estaban a punto de lanzar JustBell, otra aplicación de recados que hacía exactamente lo mismo que Glovo.* Al ver que las dos empresas eran clones, se fusionaron. Por cierto, el logo de JustBell era un timbre (*just bell* quiere decir «simplemente llama al timbre») como esos que usaban los aristócratas para que los mayordomos atendieran sus órdenes dentro de sus mansiones.

Cuando llegaron los siguientes dos millones de euros, Glovo ya no era un experimento a pequeña escala.** Habían ampliado el servicio a Madrid y Valencia. El campamento base cambió de sitio y empezaron a ocupar un despacho un poco más amplio en una de esas incubadoras para empresas municipales llenas de gente joven muy adicta a la cafeína y al trabajo, que llegan a la oficina en

* El estadounidense Zaryn Dentzel, uno de los fundadores de Tuenti, también fue uno de los inversores iniciales de JustBell y esta fue su vía de entrada en Glovo.

** En la ronda de finales de 2015, Glovo captó fondos públicos del Institut Català de Finances (ICF), un organismo de financiación para empresas de la Generalitat de Cataluña, y Enisa. Además de Zaryn Dentzel, también participaron otro creador de Tuenti, Félix Ruiz; un antiguo inversor de la red social, Bernardo Hernández, y Cube, la gestora de los directivos Juan Teijeiro y Martí Escursell, después rebautizada como Bonsai Partners.

patinete.* Entonces Oscar ya hablaba de cruzar fronteras. Contar con inversores que habían lanzado algo tan grande en su momento como Tuenti era motivo suficiente para plantearse aterrizar en capitales europeas. Lo que pagaba el cliente por pedido ya no era tan importante como la comisión que la empresa empezó a cobrar a los restaurantes y cuyo porcentaje ha ido subiendo poco a poco.

Edgar fue uno de los primeros que entró a formar parte de ese ejército de hombres —ellos eran muchos más que ellas entonces, y lo siguen siendo hoy— cargados con mochilas de color amarillo, aunque en su caso los repartos nunca fueron en bicicleta. Tenía dieciocho años, un coche que no gastaba mucha gasolina, y los cincuenta euros mensuales para darse de alta como autónomo le parecieron asumibles. Era el arquetipo perfecto del repartidor que la compañía quería para la publicidad que colgaban en las redes: estudiante, de nacionalidad española y con algunas horas sueltas durante la semana con las que sacarse unos ingresos extra para sus gastos. De hecho, en el primer anuncio de Glovo para televisión, quien interpretaba el papel de mensajero sonriente era un empleado del equipo de finanzas de la compañía, que venía de graduarse en una universidad privada y trabajar para una gran auditora.

En esos primeros años de recorrer la ciudad hasta que saltara la notificación con un pedido en la pantalla del móvil, la flota era una mínima parte de lo que llegaría a ser en solo unos pocos años y normalmente había trabajo

* Ese primer año, Glovo terminó facturando 106.677 euros y cerró el ejercicio con unas pérdidas de 614.199 euros.

para todos. Edgar no tenía necesidad de vivir de los pedidos de Glovo y asegura que podía ganar fácilmente unos seiscientos euros al mes con unas pocas horas a la semana. Trabajaba solo tres o cuatro días, pero tenía que hacerlo al ciento diez por cien. Las esperas entre pedido y pedido podían alargarse y, cuando eso pasaba, intentaba hacerlas menos pesadas aparcando el coche en unos jardines de la parte alta de Barcelona. Frente al centro comercial L'Illa, en la avenida Diagonal, el restaurante Rojo Negro del grupo Tragaluz se convirtió en un punto de reunión habitual para *riders* de Glovo.

Entonces su única vía de contacto con la empresa para cualquier imprevisto era un chat de la aplicación de mensajería Telegram. Por ese canal, los trabajadores contratados en las oficinas de Glovo incluso se dirigían a él por su nombre. Era todo muy manual, poco automatizado. Y, en su opinión, también más autónomo. Para Edgar, trabajar en Glovo era un interruptor que podía apagar o encender a su antojo. Según su experiencia, no había penalizaciones ni ninguna obligación de estar siempre disponible para la aplicación.

El principal giro de guion en su historia es que en menos de un año era él quien estaba al otro lado de la trinchera. Pasó de ser repartidor a trabajar para el departamento de operaciones y acabó gestionando su propio equipo. Su rol era controlar en la pantalla del ordenador todos aquellos pequeños puntos en forma de bicicleta que se movían por las calles sin descanso. También monitorizaba cada día las previsiones del tiempo. Cuando caían lluvias muy intensas se añadía un bonus de un par de euros a la tarifa de los mensajeros.

En su equipo había otros antiguos *riders* que, como él, pasaron a trabajar en las oficinas. Para ese puesto no hacían falta másteres en Dirección de Empresas ni experiencia como becario en multinacionales. Pero sí que requería ser capaz de soportar el estrés brutal de los domingos por la noche. Edgar recuerda una tensión increíble durante aquellas horas de demanda disparada. Aunque, después de esos momentos de nerviosismo, algunos días había premio para la plantilla. Las bolsas con pizzas y hamburguesas que no llegaban a ningún cliente se convertían en cenas improvisadas en la sede de Glovo.

El relato de Edgar se cierra con un final digno de publicación inspiracional de LinkedIn. Tres años después de empezar repartiendo sushi con su coche en Barcelona creó su propia empresa con un amigo, una aplicación para compartir contactos a través del móvil sin usar las típicas tarjetas de papel. Ahora es el fundador de un fondo de inversión especializado en proyectos creados por otras jóvenes promesas de las *startups*.

Las nuevas oficinas de Poblenou empezaban a tener un estilo más parecido a lo que nos tiene acostumbrados Silicon Valley en términos de interiorismo. El color amarillo corporativo llenó todas las paredes de la sede de Glovo. También apareció un corcho con fotografías polaroid de todos los empleados que se unían al club. Había sofás para trabajar tumbados y algunos incluso se atrevían a pasear descalzos de reunión en reunión. La empresa invitaba a la plantilla a sentirse siempre como en casa dentro del trabajo.

En ese esfuerzo por inundar sus oficinas de buen rollo, se empezaron a instaurar los Glovo Culture Days. Así bautizaron a una serie de eventos de *team building* para los que han llegado a alquilar espacios emblemáticos de Barcelona. Como el día en que reservaron el Poble Espanyol, un museo al aire libre en la montaña de Montjuïc que reproduce calles y monumentos de otras regiones de España, para organizar una yincana con distintas pruebas a través del móvil. Algunos extrabajadores también recuerdan una fiesta privada antes de Navidad en la discoteca Razzmatazz, un templo de la fiesta en la ciudad catalana que quedaba muy cerca de su sede. Tras una presentación con números de récord y próximos proyectos, hicieron subir al escenario a tres repartidores que agradecieron a la empresa la oportunidad que les habían brindado.

Aun así, algunas de estas dinámicas cambiaron con el tiempo, a medida que la compañía se profesionalizaba. Se terminó lo de coger los pedidos que no se entregaban y comérselos para cenar. Había que ser más moderado con los descansos, sobre todo en los períodos de mucha demanda. En aquel entonces Glovo había conseguido un tesoro preciado. McDonald's los había escogido para ser su plataforma de reparto en exclusiva en España. Era la primera vez que la cadena de comida rápida por excelencia enviaba sus menús de hamburguesa y patatas fritas a domicilio en nuestro país. Y ese fue el detonante de lo que a partir de ese momento se convirtió en una de las imágenes más simbólicas del fenómeno *rider*: las constantes aglomeraciones de repartidores esperando pedidos en la puerta de cualquier McDonald's. Ganar un cliente de esas dimensiones suponía una entrada de ingresos muy importante, pero también una presión enorme para todo su funcionamiento.

El día en que Glovo llegó al millón de pedidos, la cuenta atrás se vivió casi como una fiesta de fin de año en sus oficinas. Hubo gorros de papel, matasuegras, confeti y gritos de euforia mientras el equipo contemplaba cómo una pantalla marcaba finalmente ese número tan ansiado. Pero no todo había sido jolgorio. Pese a haber empezado con tanto ímpetu, la siguiente ronda de financiación les costó más de lo esperado. Oscar se reunió con más de cien fondos de capital riesgo para que todos le dieran la misma respuesta: no. Sacha y él terminaron aportando dinero de su bolsillo para pagar los salarios de la plantilla. En verano de 2017 les quedaba efectivo para un par de semanas, hasta que llegó un gran nombre internacional. A la vuelta de las vacaciones se hacía público que Rakuten, la principal empresa de comercio electrónico en Japón, entraba en el capital de la *startup* catalana.*

La revuelta de las bicicletas

El nombre de Glovo se convirtió en un sinónimo de pedir comida a domicilio y ya no era raro que en una quedada entre amigos alguien soltara la frase: «No tenemos

* En aquel momento, Rakuten era un grupo multinacional y multisector que facturaba más de 6.000 millones de euros y contaba con una plantilla de unos 14.000 trabajadores en todo el mundo. Además, patrocinaba al Fútbol Club Barcelona y era inversor de Cabify, otro de los protagonistas de este libro. La inversión en Glovo se firmó en septiembre de 2017 y fue de 25 millones de euros. Además de Rakuten, también se incorporaron los fondos Cathay Capital y Seaya Ventures (fundado por Beatriz González, hija del expresidente del BBVA, Francisco González).

nada en la nevera. ¿Pedimos un Glovo?». Pero, mientras eso sucedía, en Barcelona se organizaba una protesta. Los *riders* de Deliveroo fueron los primeros en convertir las esperas entre pedidos en asambleas callejeras improvisadas.* Antes de empezar a repartir, los mensajeros tenían que pasar siempre por unos puntos de control, repartidos dentro de las ciudades, que fijaba la propia empresa. Casi siempre eran plazas. Ahí se veían las caras, hablaban entre ellos y fue donde dijeron por primera vez en voz alta: «Esto no está bien, deberíamos intentar cambiarlo».

Dani Gutiérrez era uno de esos repartidores de Deliveroo que charlaban a la intemperie. Entonces tenía veinticuatro años, había terminado un grado de Técnico de Sonido y no encontraba trabajo de lo suyo. Como la mayoría de sus compañeros *riders*, tampoco sabía muy bien de dónde habían salido esas empresas a las que financiaban grandes fondos de inversión y gurús de la revolución tecnológica. Nadie le había contado cuáles iban a ser exactamente las condiciones laborales que aceptaba por pasarse buena parte del día cruzando Barcelona en bicicleta. En esas primeras reuniones de repartidores indignados en las que se compartían preocupaciones comunes aún no se veían muchas mochilas amarillas de Glovo.

Al ser trabajadores autónomos y no asalariados, no podían crear un comité de empresa, pero había otras opciones para que día a día su precariedad fuera un poco más visible. Dani y muchos otros fundaron RidersXDe-

* Deliveroo la fundó en el Reino Unido el norteamericano William Shu, un extrabajador de banca de inversión que no encontraba suficientes opciones de comida para llevar cuando salía a las tantas de su oficina de Londres. Su plataforma llegó a España a finales de 2015.

rechos, que hoy sigue funcionando como plataforma para denunciar las amenazas de este nuevo capitalismo digital. Y en la primavera de 2017 encontraron una manera efectiva para que los clientes de las aplicaciones fueran un poco más conscientes de las condiciones en las que trabajaban. Algunos de estos *riders* empezaron a repartir unos folletos con cada bolsa que entregaban llena de hamburguesas o fideos grasientos para combatir la resaca. Así fue como muchos de los usuarios de estas empresas descubrieron sorprendidos que quien les traía la cena a casa nunca había firmado un contrato laboral.* Más de ciento treinta repartidores de Deliveroo en Barcelona sumaron sus nombres a un burofax en el que exigían a la compañía una mejora de su situación. Las demandas iban desde una póliza de seguro para accidentes hasta un plus para los días de tormenta y más horas de trabajo garantizadas para los mensajeros veteranos.[11]

Era la primera vez en España que los *riders* contaban con una estructura para organizar su lucha. Poco después, un centenar de ellos cruzaba Barcelona a toque de silbato y cantando proclamas reivindicativas hasta la sede de Deliveroo. Ese día, los repartidores de la aplicación británica cortaron durante unos minutos la calle Aragó y fijaron pegatinas con el lema DELIVEROO ESCLAVIZA en la puerta del edificio.**

* Esa campaña a pie de calle culminó en junio de 2017 con la presentación oficial de RidersXDerechos en la azotea del sindicato Intersindical Alternativa de Catalunya (IAC), al cual se incorporaban como sección pese a la imposibilidad de crear un comité de empresa propio.

** Esa primera protesta de los *riders* de Deliveroo coincidía con la implantación de un nuevo contrato por parte de la empresa. Con el

Aún les quedaban energías para montar una huelga. El domingo, 2 de julio de 2017, los repartidores de Deliveroo en España decidieron que no saldrían a entregar nada de nada. «Tenemos un gran número de pedidos activos en tu zona en estos momentos, es por esto por lo que algunos de nuestros restaurantes no están disponibles.» Con este mensaje, la empresa intentaba calmar a los clientes que querían pedir comida en hora punta ese fin de semana y no lo conseguían. Fue la primera vez que Dani participaba en un conflicto laboral y también la primera vez que lo castigaron por ello. Tanto él como otros de sus compañeros que participaron en las protestas de ese verano recibieron una «desconexión». Es decir, los despidieron, pero en el argot de la economía de plataformas.*

La chispa de ese estallido había prendido y, entonces, ya no hubo quien parara la movilización. Natxo Parra fue uno de los primeros abogados que sentaron a las aplicaciones de reparto en el banquillo de los acusados en España. Lo cuenta desde un pequeño despacho en la cooperativa de derecho laboral Col·lectiu Ronda, que nació en los últimos días del franquismo y en pleno apogeo de numerosas luchas sindicales en Cataluña.

Su defensa se basaba en doblegar el relato que habían construido esas empresas sobre lo maravilloso que era

---

cambio, dejaban de tener garantizados un mínimo de dos pedidos a la hora (a cuatro euros cada uno) para cobrar solo por cada reparto que hacían.

* Cuatro años más tarde, el Tribunal Supremo terminó dando la razón a nueve de los *riders* despedidos y obligando a Deliveroo a readmitirlos por vulnerar su derecho a la huelga.

ser autónomo y convertirte en tu propio jefe simplemente usando una aplicación. Fueron los mismos *riders* los que pusieron en marcha la protesta (mucho antes de que esta despertara la atención de los sindicatos mayoritarios) y empezaron a reivindicar que ellos también tenían derecho a ser trabajadores, con un contrato fijo y dados de alta en la Seguridad Social. Eso, como aclara el letrado, les permitiría cobrar una retribución mínima, disfrutar de vacaciones o pedir con total tranquilidad una baja en caso de accidente.

Las primeras denuncias y juicios señalaban a Deliveroo, pero pronto se fueron sumando mensajeros que también reclamaban a Glovo que los tratara como a cualquier otro empleado.

Juan Carlos —aunque insiste en que lo llame Xurdu, como hacen sus amigos— se encontraba en una situación «peculiar». Tenía cuarenta y dos años y trabajaba en Gijón para una empresa de reparto de publicidad, aunque con las horas de su contrato no ganaba lo suficiente para mantenerse. Su padre se había dedicado hasta la jubilación a sacar carbón de las minas asturianas de Cangas del Narcea. Xurdu no trabajaba a metros de profundidad bajo una montaña ni arriesgando tanto su vida, pero estaba harto de acumular penurias laborales. Fue a finales de 2017 cuando un amigo le habló de una empresa catalana que acababa de llegar a la ciudad. A los pocos días se encontraba sentado en una entrevista de trabajo con dos chicos que habían venido de Madrid para captar a los primeros *riders* asturianos de Glovo.

Cuando empezó a repartir, eran unos treinta o cuarenta mensajeros en Gijón y no había muchos ratos muertos. Xurdu podía pasarse unas trece horas al día trabajando. Los primeros meses ganó hasta seiscientos euros netos por quincena. En los momentos de mucho ajetreo, no tenía tiempo ni de descansar ni de comer. Adelgazó muchísimo, estaba siempre de los nervios. Su día a día empezó a girar alrededor de las notificaciones que recibía en el móvil. Pero cuando no llevaba ni un año aferrado a esta rutina recibió un correo electrónico.

Apreciado Juan Carlos,

Mediante el presente, le comunicamos que, de acuerdo con lo previsto en la cláusula séptima del contrato de prestación de servicios suscrito con Glovo y debido a la falta de profesionalidad con sus compañeros, queda rescindida la colaboración con Glovo a todos los efectos en el plazo de 24 horas desde la presente comunicación.

Le recordamos asimismo que, una vez sea devuelto el material abonado por su parte según contrato suscrito, le devolveremos si procede la fianza depositada por su parte tras la revisión del mismo.

Atentamente,

El equipo de Glovo

Con «falta de profesionalidad», la empresa se refería a la discusión que Xurdu había tenido con otro *rider* durante un reparto. El periplo judicial para demostrar que se trataba de un despido improcedente duró diez meses. A diferencia de otros casos, en los que Glovo intentaba llegar a un acuerdo económico con el repartidor para ahorrarse el litigio, el suyo le hizo visitar los tribunales varias veces.

Casi dos años después de entregar su primer pedido, Xurdu se convirtió en el primer repartidor en España a quien un tribunal superior de justicia (en su caso, el de Asturias) daba la razón. Era un falso autónomo. Cuando piensa en ello o alguien le pregunta por ese episodio, no esconde que fueron los peores momentos de su vida. No sabía lo que se jugaba contra una multinacional como Glovo. Se estudió todas las consecuencias que podía sufrir si no ganaba el juicio y estaba todo el tiempo pendiente de lo que le decían sus abogados. Aún no se termina de creer cómo sucedió, pero ahí tiene la sentencia para recordárselo, hoy que vuelve a trabajar como mensajero con contrato.

En paralelo a juicios individuales como el de Xurdu, la Inspección de Trabajo también puso en marcha una oleada de investigaciones para despejar esa misma incógnita. ¿Qué relación había entre los *riders* y las empresas que buscaban cualquier otra palabra para referirse a ellos que no fuera «trabajador»?

Se enviaron cuestionarios a centenares de repartidores con preguntas como: ¿Se le indica qué ruta tiene que seguir para ejecutar el reparto? ¿Quién determina las franjas horarias en las que se puede conectar? ¿Hay alguna prioridad en la asignación? ¿Puede rechazar los pedidos? Los inspectores también agendaron entrevistas en las que, durante más de una hora, mensajeros de Glovo como Marcos (este es un nombre ficticio para proteger su identidad) aportaron capturas de pantalla de chats y correos electrónicos intercambiados con la plataforma. Marcos es venezolano y un día normal de su nueva vida en España, después de abandonar su país, empezaba con doce horas encima de una bici eléctrica. Piensa que esas aplicaciones no buscaban personas. Querían máquinas que no se quejasen, que esperaran pacientemente con otros compatriotas en las puertas de un McDonald's sin sentir el frío en el cuerpo ni la carga de los kilómetros recorridos en las piernas.

Sin frenos

La expansión de Glovo más allá de las fronteras españolas fue algo imparable. Hacía solo un par de años que había dado sus primeros pasos para convertirse en una multinacional con la compra de una compañía italiana y la apertura de una oficina en París. Lo siguiente fue una alianza con Cabify para aterrizar en América Latina, donde ya operaba la plataforma madrileña de coches con conductor. En pocos meses, en el Departamento de Recursos Humanos de Glovo iban justos para cubrir todas las nuevas vacantes en filiales extranjeras. De repente, la empresa buscaba personal para abrir sedes en países como Panamá, Guatemala, Marruecos, Egipto, Ucrania o Georgia.

La locura colonizadora era tal que un exempleado recuerda cómo a un compañero que hablaba portugués le avisaron que la semana siguiente se tenía que ir un mes a Brasil para ayudar a poner en marcha la nueva delegación en el país sudamericano. Otro antiguo trabajador cuenta que lo mandaron a Turquía a formar en tiempo récord a un equipo de operaciones.

Este desembarco no pasaba ni por Estados Unidos ni por las grandes economías europeas, donde ya había competidores locales fuertes que se repartían el pastel. La estrategia de Glovo era interesarse por regiones menos desarrolladas y que cumplieran al menos dos condiciones: una clase media y alta con suficiente poder adquisitivo para permitirse el antojo de pedir comida a domicilio una noche a la semana y mano de obra dispuesta a repartirla. Toda esa expansión requería mucho dinero en campañas de marketing. Y cuando tu modelo de negocio se basa en el crecimiento constante, eso implica llamar otra vez a la puerta de los inversores. El mismo día en que un grupo de repartidores se dirigía a la Inspección de Trabajo para presentar una nueva denuncia contra la empresa, Glovo anunciaba que había conseguido 115 millones de euros más para seguir quemando dinero.*

En esa operación apareció un nuevo accionista que de primeras consiguió pasar desapercibido. Casi la mitad de los fondos los había aportado Delivery Hero, un competidor de la compañía catalana que poco a poco iría tomando el control hasta convertirse en su actual propietario. Pero, para entender cómo una empresa alemana dirigida por un sueco terminó comprando Glovo, hay que retroceder unos años y viajar hasta Londres.

* En esta operación entró como accionista en Glovo el grupo de restauración de origen polaco AmRest. Esta empresa se esconde tras muchas franquicias europeas de KFC, Pizza Hut o Starbucks, y la cadena de restaurantes italianos La Tagliatella. Invirtió 25 millones de euros en Glovo, a quien fuentes del sector ya atribuían una valoración de unos 300 millones por entonces.

En 2008, tres universitarios suecos querían cenar pizza y en su apartamento en las afueras de la capital británica no podían pedirla a domicilio porque no llegaba el servicio. Este problema del primer mundo les suscitó una idea de negocio: regresaron a Suecia y crearon Onlinepizza, una aplicación que se asociaba con los restaurantes para centralizar el envío de todos sus pedidos.

Al poco tiempo, los estudiantes recibieron una llamada. Era Niklas Östberg, un ingeniero industrial que trabajaba para una consultora estadounidense en Zúrich. Les ofrecía comprarles la empresa por tres millones de coronas suecas (algo menos de 300.000 euros), pero ambas partes no se pusieron de acuerdo en el precio. Entonces Niklas optó por crear él mismo un servicio idéntico y fusionarse con sus competidores solo un año después. El directivo sueco se convirtió en el presidente de Onlinepizza y presionó para que la empresa se expandiera, pero el ansia de crecimiento de los demás fundadores no era tan grande como la suya. Dejó el proyecto y se marchó a Berlín, donde en el 2011 creó otra aplicación de reparto a domicilio con dos alemanes y un austríaco.

Si Glovo empezó con el dibujo de un globo aerostático que te traía la comida hasta donde estuvieras (aunque ese lugar fuera la playa o la cima de una colina), Delivery Hero nació con una estrella fugaz como logo y un superhéroe vestido con un traje apretado de color rojo y dorado como mascota. También se consideraba un servicio fiable, inteligente y rápido para satisfacer a personas con poco tiempo. Su fundador defiende este escenario: nos dirigimos hacia un futuro cada vez más digital, en el que cocinar se convertirá en un «pasatiempo costoso».[12] Lo lógico, en su opinión, es reservarlo para los ratos libres de ocio y entregarse al lujo asequible de la comida a domicilio, cada vez más barata y de mayor calidad. Casualmente, este nuevo hábito favorece sobre todo el crecimiento de su empresa.*

La plataforma de reparto pronto cruzó fronteras hasta países como el Reino Unido, Australia, China o Corea del Sur. Delivery Hero se estrenó en la bolsa de Frankfurt el 30 de junio de 2017 con una valoración de unos 5.000 millones de dólares. En ese momento la empresa ya era cinco veces un unicornio. Cinco años más tarde, sus ingresos superaban los 6.600 millones de euros, más que el PIB de países como Montenegro, Maldivas o Andorra.

El día en que murió Pujan

Cuando ya te han operado de la rodilla, coger un trabajo como repartidora en bicicleta no es muy buena idea de entrada. Aún menos cuando vives en Madrid, una ciudad llena de cuestas. Por eso Asunción optó directamente por la moto como única opción viable para trabajar como *rider*. Se tuvo que comprar una, aunque con el tiempo les acabó cogiendo miedo a los accidentes. Se

* Para entender la mentalidad de expansión de Niklas Östberg, la primera compra de Delivery Hero fue la de sus antiguos socios suecos, Onlinepizza. También entró en el capital de PedidosYa, uno de los líderes en América Latina, o en el de Foodpanda, otro proyecto berlinés que había crecido hacia Asia. Paradójicamente, uno de los pocos países en los que no opera es Alemania.

sentía demasiado expuesta durante las doce horas de media al día que pasaba entregando pedidos. A los dos años había cambiado las dos ruedas por un Dacia Sandero, que al final también dejó aparcado para conducir la pequeña furgoneta blanca con la que se mueve hoy. Con un vehículo como este, se puede deducir los gastos y aparcar en las zonas de carga y descarga. En Venezuela, donde vivía hasta que emigró a España, Asunción había estudiado para ser analista de sistemas, aunque terminó siendo florista.

Ahora vive a miles de kilómetros de su país natal y su día a día se resume en estar pendiente de muchas cosas, pero sobre todo de su móvil. Recibe el pedido, se pone en marcha, encuentra aparcamiento cerca del restaurante, espera en el local hasta que la bolsa está lista, vuelve donde había dejado el coche, sortea el tráfico, sube corriendo a casa del cliente y reza por no haber tardado demasiado. Si algo sale mal en este círculo que repite varias veces más antes de acostarse, se arriesga a perder alguna décima de la puntuación del 0 al 5 que le asigna Glovo, según las valoraciones de sus usuarios.

Después de la hora punta del mediodía, Asunción conecta una fiambrera eléctrica al cargador del coche para calentar la comida que le ha preparado su madre, de ochenta y siete años, con quien comparte un piso de una habitación. Cuando necesita ir al baño, para en el centro comercial que le quede más cerca, porque a los restaurantes no siempre les parece bien que los repartidores usen los suyos.

Asunción ya tiene hechos los cálculos. Para poder permitirse una jornada de descanso a la semana y quince días de vacaciones al año, necesita llegar a una meta diaria de ciento once euros, unos veinticinco pedidos. Si consigue esos ingresos, tampoco sufre por pagar el alquiler y pasar el mes sin apuros. Pero no siempre es así. Algunas veces le toca pedir ayuda a su tía y a su madre para pagar las facturas de la tarjeta de crédito. Su día de fiesta lo dedica a dormir y a limpiar la casa.

A veces coincide librando con otra amiga *rider* que conoció entre pedido y pedido, y salen a dar una vuelta por Madrid. Casi todos los mensajeros que ha conocido repartiendo son venezolanos. Entre ellos también hay ingenieros, médicos y delineantes. Graduados de todo tipo que no han conseguir convalidar sus títulos para usarlos en España y encontrar un empleo mejor. Muchos de ellos forman parte de otra flota invisible que existe en todas las aplicaciones de reparto, la de las personas migrantes en situación irregular que alquilan una cuenta a otro repartidor, gratis o a cambio de una comisión.

Esta situación, que era *vox populi* entre los *riders*, no se hizo realmente evidente hasta 2019. Sobre las once de la noche del sábado, 25 de mayo, el nepalí Pujan Koirala murió atropellado en Barcelona. Su bicicleta chocó con un camión de la basura mientras llevaba un pedido de Glovo al centro de la ciudad, en el cruce entre la Gran Vía y la calle Balmes. Hacía una semana que repartía con la cuenta de uno de sus compañeros de piso.

Ese día el Barça jugaba contra el Valencia en la Copa del Rey y, aunque Messi marcó un gol, el equipo terminó perdiendo 1 a 2 en el Camp Nou. Cuando hay fútbol o hace mal tiempo, las aplicaciones premian a los repartidores con bonos: durante las horas del partido o en lo que dura la tormenta, las entregas se pagan un poco mejor de lo que es habitual. Es una manera de incentivar que, cuando la empresa más lo necesita, haya más mensajeros dispuestos a salir a repartir. Aunque sea la última vez que lo hagan.

Pujan había llegado a Barcelona hacía unos seis meses, después de pasar un año en Alemania, donde había entrado con un visado de estudiante que caducó. En España no tenía papeles. Se empezó a ganar la vida en un pequeño restaurante captando clientes con la carta en mano.* Vivía cerca de la Sagrada Familia en un piso compartido con otros nepalíes. Tenía veintidós años y el dinero que le sobraba lo mandaba a su país para ayudar a su madre y sus hermanas. Su primo Sanjog recuerda que era buen estudiante y que empezó a aprender alemán para preparar su viaje a Europa cuando aún compartían ratos en Katmandú.

La muerte de Pujan fue un golpe muy duro a la imagen pública de Glovo. Ese mismo domingo decenas de *riders* protestaban delante de su sede, mientras la noticia aparecía en todos los medios de comunicación. Volvieron muchos más al día siguiente. Algunos quemaron sus mochilas amarillas y tiraron huevos contra la fachada de una oficina que ese lunes quedó desierta de trabajadores. Los repartidores concentrados en el cruce del barrio del Poblenou no podían contener más la rabia después de años denunciando que su situación era insostenible.

* El periodista del diario *ARA* Albert Llimós recabó algunos detalles sobre la vida del repartidor nepalí Pujan Koirala en su artículo «L'últim viatge del Pujan», <https://www.ara.cat/economia/ultim-viatge-del-pujan_1_2670764.html>.

Glovo envió un comunicado en el que lamentaba el accidente y pedía máxima prudencia hasta que las autoridades esclarecieran los hechos. Más tarde la empresa tuvo que admitir que Pujan no era uno de sus repartidores, porque estaba usando la cuenta de otra persona, una práctica aún habitual que la plataforma no ha zanjado pese a estar al corriente de ello. Algunos, como él, lo hacen gracias a la solidaridad de un amigo o un familiar que les presta su identidad, pero para otros implica pagar a una tercera persona una comisión que puede llegar hasta más del 30 por ciento de lo que generan con su trabajo.

Durante esa semana de *shock*, Glovo también dio algunas explicaciones a los empleados de oficina, pero sin entrar en muchos detalles. Un antiguo trabajador del departamento de datos recuerda que se vivió como una «minicrisis» interna y que nadie sabía muy bien qué consecuencias tendría. Al final, la empresa dejó claro que iba a pagar el seguro de vida de 20.000 euros a la familia de Pujan, aunque legalmente no estuviera obligada a hacerlo. Solo unas semanas antes del atropello mortal, la aplicación había conseguido 150 millones de euros más para seguir creciendo.* Y antes de que terminara el año, Glovo ya era un unicornio valorado en más de mil millones.**

* La mayor parte del dinero de esa nueva inversión en Glovo la pusieron Lakestar, un fondo con sede en Suiza, las firmas francesas Idinvest Partners y Korelya Capital, y Drake Enterprises, el *holding* empresarial del magnate chileno Nicolás Ibáñez Scott, acusado de pinochetista por algunos sectores de la izquierda de su país.

** El fondo soberano de los Emiratos Árabes Unidos Mubadala, que preside el príncipe de Abu Dhabi, lideró una ronda de 150 millones más en Glovo a finales de 2019. Este gigante inversor cuenta también

Cuantos más millones recibía la compañía, más ingenieros contrataba para su plantilla y más proyectos como SuperGlovo se podía inventar. Tal vez te hayas encontrado alguna vez con un supermercado cerrado al público, frente a cuya puerta un grupo de repartidores espera a que salgan un montón de bolsas de la compra con el logo de Glovo. El sector tecnológico las llama *dark stores* («tiendas oscuras») y son antiguos establecimientos de alimentación que otras plataformas, como la alemana Gorillas o la turca Getir (hoy fusionadas), también usan de almacén desde donde gestionan un surtido de productos de emergencia. Es una nueva necesidad creada por estas empresas, más allá de la comida a domicilio, para normalizar que, pagando una comisión de 2,50 euros, te ahorres bajar al colmado de la esquina a por unos plátanos y unas cervezas. Un repartidor también lo puede hacer por ti.

«Deja el pedido en el ascensor»

Si Eduardo (es un nombre ficticio) tiene miedo, no lo parece. Mientras pedalea, cuenta que en casa tiene a su padre asmático y que le cuesta convencerlo para que mientras dure la cuarentena no baje cada día a comprar tomates en el supermercado. Lo dice equipado con guantes y una mascarilla que le consiguió un compañero chino. No hace ni una semana que España ha declarado

---

con un paquete de acciones relevante en las energéticas españolas Cepsa y Enagás.

el estado de alarma por la pandemia de coronavirus, que ya está colapsando las urgencias de hospitales de todo el país. En la calle, cuando ya ha oscurecido, hay pocas personas que salgan de casa. Se salvan los que pasean al perro, pero sobre todo los repartidores que siguen entregando pedidos a domicilio en pleno confinamiento.

Los restaurantes con la persiana medio bajada son su punto de encuentro. Eduardo llega, como cada noche, al mismo local de comida rápida de Nou Barris, un distrito situado al norte de Barcelona. Su bicicleta hace sonar música a través del altavoz, así que se le oye llegar antes de que aparezca por la esquina. Es uno de los *riders* que, mientras el mundo gestiona una emergencia sanitaria inédita, transportan comida o medicamentos para mantener unos mínimos ingresos, aunque esto suponga estar más expuestos al virus que la mayoría.

Su rutina comienza sobre las doce del mediodía e intenta hacer una parada por la tarde para descansar. Cuando hay algo de trabajo es sobre todo a la hora de cenar. Entonces los móviles pegados al manillar de la bici o la moto vuelven a vibrar. Delante del restaurante se encuentra con Jordi (también es un nombre falso), que fuma un cigarrillo apoyado en la pared mientras espera a que esté lista la siguiente bolsa con comida.

Ellos han concentrado su actividad en esta zona y en media hora se les suman otros dos mensajeros. Aunque en el centro hay más pedidos, se han quedado en su barrio. Aquí también acercan medicamentos a personas que se han contagiado de covid o gente mayor que no puede salir de casa. Jordi lo ve como una manera para que pequeños restaurantes de barrio no tengan que bajar la persiana del todo por la pandemia. Él, de momento, ha dejado a su hija fuera de Barcelona con su expareja mientras dure el confinamiento. Preferiría encerrarse en casa con ellas en vez de salir con la bicicleta cada noche, pero tiene que pagar una cuota de autónomos de 296 euros al mes. Si no reparte pedidos, lo ahogan las facturas. Nadie en Glovo les ha preguntado cómo se encuentran ni les ha hecho llegar material sanitario (por entonces aún es un bien escaso) para protegerse. Años después, la empresa justifica que lo hizo en cuanto hubo abastecimiento para poder comprar y distribuir mascarillas, guantes y geles hidroalcohólicos.

El primer pedido de Eduardo lo hace subir hasta una calle donde un cliente habitual baja en bata, con mascarilla y guantes, y, como siempre, le deja una propina de cinco euros. Los menús son casi idénticos: diferentes combinaciones de hamburguesas, bocadillos de salchichas y patatas fritas que suben hasta primeros, terceros o quintos pisos. El mes anterior, cuando el coronavirus aún parecía una gripe asiática pasajera, a estas alturas ya había facturado el doble de lo que aparece ahora en su cuenta.

La rueda de la bici vuelve a girar otra vez y ahora es un chico joven quien se asoma desde la ventana de un bloque y le da indicaciones para acceder a los bajos del edificio. Las entregas son rápidas y estériles. Los clientes de la aplicación abren la puerta y enseguida vuelven a entrar en casa. La estrategia de Eduardo consiste en no tocar objetos metálicos, pulsar el timbre de los portales con una llave y dejar los paquetes en los ascensores para no poner en riesgo la salud de los vecinos ni la de su familia.

La situación es muy diferente en el centro de Barcelona o Madrid, donde en ese mismo punto álgido de la pandemia los mensajeros se aglomeran frente a los locales de KFC o McDonald's. Cuando llegue a casa, Eduardo dejará toda la ropa en una bolsa de basura, para después lavarla con agua caliente y evitar cualquier rastro del virus, y entrará de un salto en la ducha para desinfectarse. Su jornada de doce horas acaba a medianoche con una facturación de unos veinte euros, a la que deberá restarle los gastos fijos, que corren a su cargo.

La pandemia de coronavirus sacó a relucir aún más historias como la de Eduardo. Los repartidores se convirtieron en testigos de esas ciudades desiertas, porque el gobierno español los había declarado trabajadores esenciales y se podían mover con cierta libertad. Expuestos al covid y sin las protecciones más básicas para evitar los contagios, contemplaron atónitos cómo Glovo les recortaban a la mitad la tarifa base en plena emergencia sanitaria.*

Durante todas esas semanas de vivir de puertas hacia dentro, los *riders* también se convirtieron sin querer en mulas. Los traficantes —que tampoco podían salir de casa ni ir a los puntos de venta habituales— empezaron a usar las aplicaciones de reparto para distribuir droga. En Cataluña, los Mossos d'Esquadra a menudo detectaban los paquetes gracias a los propios mensajeros. A Da-

* En abril de 2020, Glovo revisó su sistema de precios para reducir la parte fija que cobraban los *riders*. En Sevilla, por ejemplo, pasó de 2,5 euros a 1,25 por pedido. A esta cifra se le sumaba el variable (en función de los kilómetros recorridos), las promociones y un bono temporal por la pandemia.

vid, un *rider* que se movía por Sant Cugat del Vallès (a las afueras de Barcelona), una noche le tocó entregar un paquete de galletas de chocolate envuelto en celofán. No le hizo falta abrirlo para sospechar de qué se trataba.

Preguntada por este tema, Glovo asegura que existe un protocolo para colaborar con las autoridades cuando se sospecha que hay una sustancia ilegal en uno de sus pedidos. Cualquier información, amparada por la ley de protección de datos, se facilita siempre ante un requerimiento judicial o en el marco de una investigación policial.

Aún hay otro tema interesante sobre los intensos meses pandémicos de Glovo. La plataforma sacó pecho por convertirse en el salvavidas de la restauración. Pero debemos recordar que para muchos tampoco era el negocio del siglo. La plataforma se quedaba con hasta el 35 por ciento de la cuenta (más el IVA) en algunos de los contratos que firmaban los restauradores. No obstante, la paradoja era que las grandes cadenas de comida rápida como McDonald's, Burger King o Kentucky Fried Chicken —que son algunos de sus grandes clientes en volumen de pedidos— tenían comisiones mucho más bajas.

Ya hemos hablado de que en Glovo —como en la mayoría de las *startups*— la plantilla es muy joven. Los trabajadores de las oficinas aprecian las fiestas de empresa y alguna incluso ha terminado con un baño de espuma multitudinario entre compañeros de oficina. Se estilan los días de actividades al aire libre, como el tiro con arco, e incluso los regalos en forma de *merchandising* corporativo. Mochilas, mascarillas, camisetas y tazas estampadas con el logo de la empresa que se lucen casi como una seña de identidad. Dentro de la compañía existen clubs para salir en bici o de excursión. Así, los amigos del trabajo también se convierten en los de los fines de semana. Para algunos eventos, Glovo saca a relucir su propia mascota, una piña gigante, como las que usan los equipos de fútbol americano durante el medio tiempo del partido para animar a la afición.

Para ser un buen *glover* hay que estar siempre de buen humor, implicado y motivado. Si hablas más de diez minutos con un empleado (o exempleado) suyo es muy posible que al final acabe mencionando la palabra *gas*. Cuando Glovo te hace una oferta de trabajo, te recuerda cuáles son sus cinco «valores», y este es el primero y más importante. Significa ser «apasionado, ambicioso y rápido para generar valor», estar siempre dispuesto a pisar el acelerador. La empresa lo acompaña habitualmente del emoji del cohete que sale disparado hacia la Luna, el icono favorito de muchos aspirantes a emprendedor, que lo usan para definirse tanto en LinkedIn como en Tinder.

Clara (es un nombre falso) recuerda con gusto su subscripción gratuita a una plataforma de gimnasios, la mutua médica que le pagaba la empresa o los setenta euros al mes que se podía gastar en pedidos de Glovo para los días en los que le daba pereza preparar un táper. Ese salario emocional le compensaba todo lo demás. De hecho, después de que la compañía la despidiera en medio de una pandemia mundial, sigue pensando que ella habría tomado la misma decisión que le comunicó el Departamento de Recursos Humanos.

Con la llegada de la pandemia, el personal de oficina como Clara sufrió por primera vez un revés laboral. En dos meses, Glovo aplicó dos expedientes de regulación temporal de empleo (ERTE) que justificaba con la caída de la actividad por el impacto del covid. Unos cuatrocientos trabajadores de sus servicios centrales en Barcelona se vieron afectados en algún momento. A Clara le pareció de lo más lógico que la invitaran a irse junto a otros compañeros. Por entonces, ya hacía meses que a veces no tenía ninguna tarea asignada y se buscaba el trabajo ella misma. En su opinión, la plantilla estaba sobredimensionada. Pese al final amargo y después de más de tres años en Glovo, su balance de la experiencia es positivo: le pagaron la indemnización máxima, le regalaron su ordenador de trabajo y en unos meses la contrató otra tecnológica.

Incluso mantiene los elogios sobre el trato de la compañía hacia los *riders*. Nunca lo consideró ni explotación ni precariedad. Más bien una manera de dar trabajo a personas que no lo iban a encontrar de ningún otro modo. Para Clara, los salarios de los repartidores de Glovo siempre fueron aceptables. Al fin y al cabo, defiende que la decisión de salir a trabajar cuando llovía era suya, no de la empresa. Solo unos meses antes de su despido, había pasado eso mismo durante una de las peores tormentas de los últimos años en el litoral mediterráneo.

Cuando el temporal Gloria llegó a Barcelona en enero de 2020 hubo ráfagas de viento de más de sesenta y cinco kilómetros por hora, las playas quedaron barridas por olas de siete metros de altura, y los paseos, llenos de restos de árboles que habían caído a su paso. En esas condiciones, nadie en su sano juicio habría salido a la calle a repartir en bicicleta o moto. A menos que se aplique la lógica de la economía de la demanda. Los días de lluvia la gente se queda en casa y, si no puede salir a cenar fuera, tal vez pida comida a domicilio. Son momentos de mucho tráfico para las aplicaciones, que incluso incentivan a los *riders* a trabajar a base de bonos. Por eso Glovo no cerró la plataforma cuando el Gloria empezó a golpear la costa.* El temporal dejó un balance de trece muertos en España e imágenes de mensajeros empapados intentando sacar algún beneficio de aquel tiempo terrible. Desde ese momento, la empresa asegura que se instauraron protocolos de seguridad ante fenómenos meteorológicos adversos.

Para entonces, la opinión pública ya había fruncido el ceño demasiadas veces ante la precariedad de los *riders*. Pero faltaba saber qué decía sobre todo aquello la justicia española. Después de una larga lista de inspecciones laborales, juicios y protestas, el Tribunal Supremo sentenció en septiembre de 2020 que entre Glovo y sus repartidores existía, efectivamente, una relación laboral. Todos en el sector esperaban ese veredicto, tras tantos años de debate sobre el modelo que Oscar Pierre había importado de Estados Unidos y que también usaban otras compañías. El resumen era este: los mensajeros de Glovo no disponen de una organización empresarial propia y autónoma, sino que dependen de las condicio-

* De hecho, Glovo activó el bono de 1,99 euros que ofrece a los repartidores cuando hay mal tiempo durante el temporal Gloria en Barcelona. Eso era un aliciente para los *riders* que se atrevieron a repartir. En un par de noches se podrían sacar lo que habrían tardado en ganar dos semanas. Otras plataformas, como Deliveroo o UberEats, sí que cerraron el servicio.

nes que fija la aplicación. La plataforma no es, a ojos de la justicia española, una simple intermediaria.

Glovo posee el elemento más importante para llevarte la comida a casa: la tecnología. En cambio, los medios del *rider* son básicamente su vehículo (sea una bici, una moto, un coche o un patinete) y su teléfono móvil. Sin una aplicación en la que darse de alta no habría restaurantes ni clientes, nada que pueda aportar un mensajero tiene importancia. Los usuarios de Glovo no buscaban que les trajera la hamburguesa Isaac, el repartidor madrileño que consiguió ganar ese juicio en el Tribunal Supremo a la empresa.* Los clientes entraban a través de la marca y sus campañas de marketing agresivas para conseguir crecer más.

Adrián Todolí ha dedicado muchas horas a analizar tanto esta como las decenas de sentencias anteriores y posteriores sobre lo que implica que tus ingresos dependan un algoritmo. De hecho, a este doctor y profesor de Derecho del Trabajo en la Universidad de Valencia le pasó lo mismo que a Oscar. En la primavera de 2013 se mudó a California como investigador visitante en la Universidad de Berkeley. Vivía en San Francisco e, igual que el consejero delegado de Glovo, se empezó a fijar en unos coches que llamaban mucho la atención. Justo encima de la matrícula delantera, como si esta imitara la boca del vehículo, llevaban enganchado un gran mostacho de pelo rosa fucsia. Entonces ese era el logo distin-

* El caso de Isaac fue el primero que llegó finalmente hasta el Tribunal Supremo español, después de que el repartidor denunciara su despido por improcedente y la demanda fuera subiendo a instancias superiores de la justicia.

tivo de Lyft, el gran competidor de Uber en Estados Unidos.

A Todolí esa campaña publicitaria le despertó la curiosidad. ¿Cómo podía ser que los conductores fueran particulares sin ninguna licencia de transporte y que captaran a sus clientes con una aplicación móvil? Al regresar a España empezó a leer todo lo que encontró sobre esas empresas que querían difuminar la frontera entre el trabajo autónomo y el asalariado. Escribió el primer artículo académico publicado en España sobre el tema, al que se le han sumado libros y otras reflexiones en medios de comunicación. Para él, el problema del modelo Glovo siempre ha estado claro. Por mucho que la aplicación pudiera demostrar que un *rider* es independiente y tiene libertad absoluta para rechazar pedidos y escoger horarios, la relación seguirá siendo laboral. ¿Por qué? Porque una persona en bicicleta no es un empresario. Un repartidor no puede aportar nada más que su trabajo. No tiene capital, ni infraestructura, ni una red comercial que le permita desarrollar un negocio por sí mismo. Sin Glovo, el *rider* no existiría y punto.

Aun así, desde la sentencia del Tribunal Supremo, la empresa ha insistido en que muchas de esas resoluciones judiciales se basan en maneras de funcionar antiguas. Hoy Glovo continúa usando repartidores autónomos en su flota, pese a los repetidos avisos de los tribunales y el gobierno español.

Pero además de las pegatinas de GLOVO MATA o GLOVO ESCLAVIZA, en las mochilas amarillas de algunos repartidores también se puede leer la consigna totalmente opuesta: «Sí, soy autónomo». Dentro del colectivo se crearon asociaciones de mensajeros que se reivindican como trabajadores por cuenta propia. Sus asociados se consideran autónomos que pueden trabajar cuando y como quieren. Algunos vienen de ser repartidores con contrato en empresas como Telepizza y defienden que, pese a las polémicas, gracias a las plataformas ingresan más que siendo empleados en plantilla.

Mercedes tiene cincuenta y tres años y asegura que no ha cotizado como asalariada ni un solo día en su vida. Tenía su propia empresa, pero la crisis la obligó a echar el cierre y acabó trabajando para Glovo en Mallorca. Al principio iba en bicicleta, pero pronto la cambió por un ciclomotor, con el que también ha repartido para UberEats, Deliveroo y algún pequeño negocio de Palma. Obligarla a firmar un contrato con alguna de estas aplicaciones le parece lo mismo que enviarla directamente al paro. Cree que nunca la escogerán para trabajar como repartidora antes que a una persona mucho más joven. Su solución (y la que han pedido reiteradamente algunas de las empresas) pasa por un modelo mixto que combine en una misma flota una parte de mensajeros fijos y otra de autónomos que cubran los picos de demanda.

Entidades como la Asociación Profesional de Riders Autónomos (APRA), Asoriders y la Asociación Autónoma de Riders incluso firmaron un acuerdo de buenas prácticas con las principales plataformas de reparto que operan en España. Aunque todas ellas defienden que son completamente independientes de Glovo y sus competidores, otros sectores de los repartidores los han acusado en repetidas ocasiones de hacer la función de sindicato amarillo y alinearse con los intereses de las compañías que los maltratan laboralmente.

La ley

La sala del ministerio tiene una gran mesa ovalada. Con la distancia prudencial que exige el covid, caben unas veinte personas. Las que no están presencialmente aparecen en un carrusel de caras dentro de una videollamada. Estamos en junio de 2020, España aún se tambalea entre prórrogas del estado de alarma y los participantes de esta reunión no están del todo acostumbrados a conversar de nuevo en persona. El encuentro lo preside Yolanda Díaz. La ministra de Trabajo y vicepresidenta segunda del gobierno español ha convocado a una delegación de RidersXDerechos para escuchar sus reivindicaciones. Tras horas de debate intenso, posa con una camiseta de la organización de repartidores y todos se fotografían satisfechos en la puerta del ministerio. Salen con un compromiso: sacar adelante un proyecto de ley que aborde su reconocimiento laboral. A partir de ese día, ya hablaremos durante meses de la «ley *rider*».

La normativa no solo debía solucionar la situación laboral de los *riders*. Tenía que afrontar todo un cambio de paradigma. El trabajo en plataformas tecnológicas alcanza muchos más sectores que el reparto. Desde la limpieza y los cuidados de la gente mayor hasta el diseño gráfico o la traducción de textos. De hecho, también existen portales como Amazon Mechanical Turk, con el que la multinacional fundada por Jeff Bezos asigna tareas simples a un ejército de microtrabajadores. Los encargos pueden ser, por ejemplo, completar una encuesta, describir una fotografía o transcribir un fragmento de audio. La remuneración por completar estas labores empieza a partir de un centavo de dólar y la mayoría de sus empleados digitales cobran más bien poco.[13]

La ley *rider* tenía el cometido de delimitar qué empresas tecnológicas intentaban hacer pasar por *freelance* a empleados con los que claramente mantenían una relación laboral. Y, de ser así, garantizar que estas cumplieran con derechos tan básicos como unos descansos mínimos, un salario estable y la posibilidad de negociar sus condiciones. Aun así, tras varias reuniones en las que el gobierno español y los sindicatos defendieron abordar el problema futuro del trabajo uberizado, la propuesta encalló. La Confederación Española de Organizaciones Empresariales (CEOE) se opuso. Abrir la puerta a regular otros sectores significaba meter baza en la subcontratación, un fenómeno que afecta a muchos de sus asociados de la empresa tradicional.

Glovo y el resto de las aplicaciones hicieron gala durante meses de sus mejores armas de presión. Llamaron a muchas puertas de despachos, tanto en el Congreso de los Diputados como en la Moncloa.* Aunque el gabinete de Díaz no cedió, consiguieron influir en la posición del Ministerio de Economía de Nadia Calviño, que era favorable a una regulación más flexible. A medida que

* Adigital, la asociación de empresas de la llamada economía digital, también fue otro de los puntales en esta campaña contra la ley *rider*. A la organización le inquietaba que la norma obligara a crear un registro obligatorio de plataformas y a revelar parte de sus algoritmos.

avanzaba la negociación también se hicieron más visibles las protestas de los *riders* que querían seguir siendo autónomos, con concentraciones delante del Congreso, envíos masivos de correos electrónicos a diputados e intervenciones en medios de comunicación. El acuerdo, que se esperaba para esas primeras Navidades pandémicas de 2020, no llegó hasta el año siguiente.

El texto final de la ley *rider* tiene poco más de una página. Básicamente, se redujo a dos puntos que se añadían al texto del Estatuto de los Trabajadores. Por un lado, blinda la presunción de laboralidad de los mensajeros. Cuando estos trabajan para plataformas digitales que ejercen «organización, dirección y control» sobre ellos, ya no cabe duda de que no son autónomos. Por otro lado, los comités de empresa tienen derecho a ser informados de los parámetros en los que se basan los algoritmos que deciden sobre sus condiciones de trabajo. Nadie, excepto el ministerio y los sindicatos, quedó contento.

Para RidersXDerechos era insuficiente porque dejaba desprotegidos a muchos otros que estaban en su misma situación, pero que en vez de repartir en bicicleta limpiaban casas o arreglaban grifos. En cambio, para los mensajeros proautónomos, la ley provocaría una oleada de despidos y los obligaría a firmar peores contratos. A Glovo, obviamente, tampoco le gustó nada la nueva regulación, pero la empresa aseguró que la respetaría.*

* La aprobación de la ley *rider* provocó la rotura de las relaciones entre Glovo y la CEOE. La plataforma abandonó la patronal española tras sentirse abandonada por sus representantes en un momento crucial para su futura viabilidad.

La ley *rider* daba tres meses de margen a las empresas de reparto para que se adaptaran a la normativa. En ese momento, Glovo empezó un pulso con el gobierno español que aún se mantiene.* Unos días antes de que la regulación se pusiera en marcha, la empresa avisó a sus repartidores de que continuaría usando autónomos. La jungla del capitalismo de plataformas seguía con vida. Solo iban a contratar a cerca de 2.000 mensajeros de las filiales de supermercados y servicios para empresas.

Para el resto adoptarían un «nuevo modelo inédito» en el que quedaría claro, según la aplicación, que no se daban órdenes, sino que sería el *rider* quien escogía cuándo, cómo y a qué precio trabajar. A partir de entonces, los mensajeros tenían que decidir por cuánto querían multiplicar su tarifa base, una cifra en una horquilla entre 0,7 y 1,3. ¿Qué pasó? En la práctica, este sistema se convirtió en una subasta a la baja en la que, para que se les asignaran más pedidos, muchos aceptaban cobrar el mínimo.

El algoritmo de Glovo se llama Jarvis, como la inteligencia artificial que ayuda a Iron Man a salir de cualquier situación de riesgo mortal en los cómics y las películas de Marvel. Su tarea es asignar automáticamente las entregas a los *riders* y hacerlo de la manera más eficiente posible. Pero, para los repartidores, lo que hacía Jarvis era priorizar a aquellos que ofrecieran su trabajo por el menor coste posible. Esto provocó varios días de protestas hasta que la empresa eliminó las franjas de tarifa más bajas.

* El acuerdo se cerró en marzo de 2021, pero no llegó al consejo de ministros y al BOE hasta mayo, y no entró efectivamente en vigor hasta agosto.

¿Recordáis esos supermercados cerrados al público en los que Glovo preparaba pedidos de emergencia con los yogures que no habían podido comprar en el súper sus clientes escasos de tiempo? En las puertas de esos locales, donde los repartidores esperaban pasando frío, también estalló el enfado. Los supermercados de Glovo en Barcelona convocaron una huelga. Denunciaban que, pese a la ley *rider*, la empresa seguía sin contratarlos directamente, sino que lo hacía a través de una ETT. Después de un fin de semana con los almacenes a medio gas, la compañía accedió a negociar. Ese paro, que lideró Comisiones Obreras (CC. OO.), fue la primera gran revuelta sindical en la plataforma española. A raíz de esta huelga, Glovo también empezó a ofrecer a los repartidores de sus tiendas algo tan básico como un baño y espacios de descanso para que no estuvieran en la calle entre pedido y pedido.

Fernando —aunque todos lo llaman Fer— es uno de esos *riders* que finalmente consiguieron un contrato indefinido. Pero eso no sucedió hasta cuatro años después de llegar a Glovo. La primera vez que se compró una bicicleta la usaba para ir a la oficina donde trabajaba como administrativo contable. El empleo no le gustaba, pero ese paseo era lo mejor del día. Cuando se quedó en el paro años más tarde, echaba de menos los trayectos sobre dos ruedas por Madrid. Ir en bici durante toda la jornada laboral fue, precisamente, lo que le llamó la atención de Glovo. Pasó el peaje de hacerse autónomo y admite sin ningún pudor que se creyó todo lo que le contaron. Pero a las pocas semanas se había esfumado la ilusión del principio.

Empezó con el turno de madrugada, el más habitual para los principiantes que aún tenían que ganarse la antigüedad para optar a las mejores horas. Salía a pedalear desde las nueve de la noche hasta las siete de la mañana. Repartir en esa franja implicaba que algunos días —básicamente los del fin de semana— eran frenéticos y que otros se llenaban de tiempo muerto. Aun así, no descansaba ninguno. Las esperas las pasaba con otros *riders* cerca de tiendas veinticuatro horas del centro de la ciudad. En invierno, sin muchos sitios abiertos donde refugiarse, se hacían más largas. Otras veces se juntaban en las oficinas de atención al cliente de la aplicación en la calle Müller, en el barrio de Tetuán. Ahí plantearon a la compañía algunas mejoras, pero sin cuestionar el modelo laboral de Glovo: subir la tarifa base, un plus por nocturnidad... Pidieron, pero no consiguieron nada. A Fer no le convencía que otros mensajeros defendieran continuar con ese sistema y se fue apartando de ellos. Conoció a sindicalistas de la Unión General de Trabajadores (UGT) y a miembros de RidersXDerechos, y, poco a poco, se convirtió en el portavoz no oficial de la plataforma en Madrid.

A partir de ese momento, el acoso se convirtió en rutina. En los chats de algunas de las asociaciones proautónomos empezaron a aparecer mensajes sobre Fer. «Te estás cavando tu propia tumba.» «Ojalá le paren y le metan una paliza a este hijo de puta.» «Que parezca un accidente.» En esos grupos también se compartía su dirección, fotos sacadas de su perfil en Grindr o montajes en los que se le denigraba. Una noche, mientras esperaba un pedido en un McDonald's, un repartidor se encaró con él, le pegó y le hizo un esguince en una mano. En otras ocasiones varios mensajeros se le habían acercado peligrosamente con la moto mientras iba en su bicicleta. Al final recogió todas esas pruebas para llevar el asunto a la justicia, que imputó a seis de los repartidores que lo habían amenazado. También lo denunció públicamente a través de una entrevista en *elDiario.es*.[14] Después de eso, los episodios de acoso fueron a menos, aunque los enfrentamientos entre *riders* con opiniones radicalmente distintas no han desaparecido del todo.

A los pocos meses de la aprobación de la ley *rider*, Fer firmaba su primer contrato como mensajero de los supermercados de Glovo. Primero a través de una ETT y después ya contratado directamente a través de la empresa. Como asalariado, pasaba a cotizar el doble, a cobrar más por las horas de madrugada y a disfrutar de dos días de vacaciones a la semana. Ahora es el presidente del comité de empresa en Madrid. Si se vuelve a abrir la cabeza en un accidente con la bici, como le pasó el último febrero prepandemia, no tendrá que preocuparse por dejar de facturar mientras esté de baja.

Un nuevo amo

Faltan unos minutos para la medianoche. A estas horas nadie está muy pendiente del correo electrónico y hoy aún menos. Cuando el reloj marque las doce será 2022. Pasadas las once de la noche de un 31 de diciembre, en las redacciones de periódicos, radios y televisiones prácticamente no queda ni un periodista. Pero aún falta un titular para cerrar el año, que llega en forma de comunicado en esa última hora: «Dos referentes tecnológicos europeos se unen: Delivery Hero firma un acuerdo para convertirse en el accionista mayoritario de Glovo».

Aunque el núcleo duro de los fundadores de Glovo se había resistido a que Delivery Hero ganara demasiado poder dentro de la empresa, la aplicación cambiaba finalmente de manos. Esa operación la valoraba en 2.300 millones de euros. Pero el precio se fue desinflando a medida que se acercaba el día en que Oscar y Sacha iban a estampar su firma para cerrar la operación. La bolsa hundió las acciones de Delivery Hero y de muchos otros negocios de reparto a domicilio que no habían conseguido dar beneficios pese a toda la inversión que habían recibido de los fondos de capital riesgo. Por eso, cuando Glovo pasó a ser alemana, ya no valía ni mil millones de euros. Siguiendo la definición oficial, ya no era un unicornio.

Las aplicaciones de reparto a domicilio defienden las innovaciones que han aportado. Las oirás decir que gracias a su tecnología las rutas de reparto son más eficientes, que sus operaciones son cada vez más sostenibles gracias a políticas de neutralidad de emisiones de carbono o que han ayudado a la restauración a salir con vida de los momentos más duros de la pandemia. Pero, al fin y al cabo, lo que ofrecen es un envío. Algo que, con más o menos sofisticación, existe desde hace siglos. Eso sí, han digitalizado el servicio hasta convertirlo en un negocio con márgenes muy pequeños y en el que solo unas pocas empresas pueden sostener una guerra de precios cada vez más dura. Por el camino seguirá habiendo nuevos cadáveres empresariales, fusiones en las que un pez más grande termina comiéndose al pequeño y fundadores que se convierten en millonarios después de una buena venta.

Este final es un buen resumen de la lógica imperante en el mundo de los unicornios. Una lista muy larga de inversores hizo crecer a Glovo durante más de seis años y le permitió plantar su bandera en ciudades de todo el planeta. Aunque hubiera pérdidas. Aunque el modelo laboral no tuviera cabida en muchos de esos países. Aunque la Inspección de Trabajo española los volviera a multar en 2022 con una sanción récord de casi ochenta millones de euros por mantener a miles de falsos autónomos. Aunque el Código Penal ahora plantee que los empresarios puedan ir a la cárcel por incumplir la legislación laboral y usar falsos autónomos una vez tras otra. Aunque a principios de 2023 tuviera que despedir a doscientos cincuenta de sus trabajadores (algo más del seis por ciento de la plantilla) por crecer demasiado deprisa. Quienes la habían financiado confiaron en que habían puesto su dinero en la cesta correcta. Que la empresa acabaría valiendo mucho más que cuando Oscar y Sacha empezaron a llamar a las puertas buscando millones de euros para contratar más ingenieros. Y así funciona este juego.

2

CABIFY: CHÓFERES SIN LUJO

¡Tu coche está a punto de llegar!

Javier trabajaba de comercial hasta que estalló la burbuja del ladrillo y la crisis lo convirtió en un parado de larga duración. Seguramente por eso, tras un momento tan oscuro de su vida, volver a llevar traje y corbata le hizo ilusión. Le ofrecían un empleo cuando ya había cumplido los cincuenta años y, además, haciendo algo que se le daba bien. Cada vez que alguien subiera al coche —un Skoda, un Fiat o un Honda, siempre de color negro—, se iba a asegurar de brindarle el mejor trato posible. Le abriría la puerta al cliente con una sonrisa, le preguntaría si quería escuchar la radio y le señalaría la botella de agua de cortesía colocada en el lateral de la puerta, con el logo de Cabify impreso bien grande.

Su primer turno como chófer para una de las empresas de flotas que trabajan para Cabify en Barcelona fue de noche. Arrancaba el motor a medianoche, con trayectos entre bares y discotecas, y terminaba a mediodía, cuando el sol ya le molestaba a la vista. Entretanto, tenía dos horas de descanso, que Javier aprovechaba para aparcar y echar una cabezada dentro del coche en alguna calle tranquila.

Lo que empezó siendo un trabajo sencillo —conducir por la ciudad siguiendo las instrucciones del GPS y los deseos de sus pasajeros— hoy le parece «un engaño muy estudiado». Las largas jornadas que sobrepasaban su contrato de cuarenta horas lo dejaban exhausto. Tenía un día de descanso a la semana, aunque le ponían pegas para cogerlo en sábado o domingo, así que para escaparse a Tarragona a visitar a su nieta tenía que trabajar durante dos semanas seguidas para acumular un par de días de fiesta. A final de mes, su sueldo apenas rondaba los 1.200 euros.

Esas condiciones no mejoraron mucho cuando cambió de flota por primera vez. Le dejaban tener el vehículo a su disposición las veinticuatro horas del día y Javier podía escoger cuándo conectarse a la plataforma para captar clientes. Si quería trabajar doce horas, bien. Si al final eran dieciséis, también bien. Dependía de él. En caso de superar un mínimo de facturación, se llevaba una comisión extra, algo que pasó solo en contadas ocasiones. En otra flota, en la que entró antes de que estallara la pandemia, lo mandaron al paro tras el estado de alarma. La siguiente vez que se puso al volante de un coche con el logo de la aplicación, se encontró de nuevo con más cansancio mental y horas extra impagadas. Y así las cuatro veces que cambió de empresa. En cada una de ellas, quien lo contrataba directamente no era Cabify, sino la compañía que ponía los coches y los conductores para que la plataforma tuviera sentido.

Javier aún se acuerda mucho de esos casi cinco años.

Sobre todo, cuando se despierta puntualmente a las tres de la madrugada, un tanto aturdido. Esa era la misma hora a la que se levantaba para llevar al aeropuerto a los pasajeros madrugadores de los primeros vuelos del día. A veces también se sorprende mirando el móvil, buscando una notificación que lo avise de que llega tarde y lo está esperando un cliente. Por eso, cuando lo echaron de la última flota, decidió que iba a llevar su situación a los tribunales. Y aunque fuera por una indemnización simbólica, cerraría esa etapa con una victoria moral. Cuatro años más tarde, sus denuncias no han dado ningún fruto. Ahora, en vez de conducir un Cabify, se sienta cada día en el asiento del conductor de un taxi que no es suyo.

El Uber español

La Velilla tiene menos de un centenar de habitantes. Es una de esas pequeñas aldeas que forman parte de un municipio algo más grande, Pedraza, en el cual hay registrados poco más de doscientos coches. Estamos en la meseta segoviana y por el pueblo pasa un río, el Cega. Sus aguas aún hacen girar el antiguo molino de piedra. En otoño, el paisaje se llena del color anaranjado de las encinas. En años de más prosperidad, en los campos de La Velilla pastaban rebaños de ovejas y su lana se exportaba hasta el norte de Europa. Aunque la crisis ganadera hundió la región y esa imagen bucólica se esfumó, se mantienen en pie los restos del antiguo lavadero donde se trataban y se secaban los tejidos, antes de preparar el resultado final para venderlo.[1]

En este pequeño punto de la España vaciada están los orígenes de Cabify, pues ahí se crio su fundador, Juan de Antonio. Sus padres eran de La Velilla y, aunque se mudaron a Madrid, volvían al pueblo para pasar los fines de semana y los veranos. La vida del creador de la principal aplicación de movilidad española empezó en un municipio segoviano en el que apenas había semáforos. Ahí también creó su primera página web: la del pequeño hotel rural en que se convirtió la casa de su abuelo en el pueblo.[2] Como estudiante, Juan era tan discreto como lo ha sido después como millonario tecnológico. Mientras se sacaba la carrera, combinaba los estudios con algunos trabajos de repartidor y camarero.[3] Pero nunca le motivaron las oficinas de las multinacionales. Ni se quedó en el grupo de telecomunicaciones sueco Ericsson ni en Boston Consulting Group, una de esas consultoras gigantes en las que, a cambio de aguantar una presión excesiva en el trabajo, te recompensan con sueldos altísimos. Él prefirió tomar otro camino: irse a viajar por Asia cuando su novia de entonces se mudó a Singapur.[4]

Juan tal vez nunca hubiera creado Cabify sin la beca Fulbright (y el crédito del Ministerio de Educación) que lo llevó a Estados Unidos.* Gracias a ello pudo estudiar un máster en Administración y Dirección de Empresas en la prestigiosa Universidad Stanford. Era el mismo

* En una carta publicada en Twitter, Juan de Antonio se enfrentó a las acusaciones del entonces secretario general de Podemos, Pablo Iglesias, asegurando que una década más tarde seguía pagando ese crédito para estudiar en Estados Unidos. También le reprochó que él vivía en el barrio madrileño de Tetuán y no en San Francisco o en Galapagar, donde reside el expolítico.

campus californiano al cual habían asistido Bill Hewlett y Dave Packard antes de fundar su millonario negocio de la informática en un garaje de Palo Alto. También donde se conocieron los creadores de Google, Larry Page y Sergei Brin, aunque después terminaran dejando los estudios para centrarse en construir un buscador de internet omnipresente.

A Silicon Valley le encantan las historias de compañeros de clase convertidos en socios y esta fórmula se repite en los inicios de Cabify. En Stanford, Juan de Antonio compartía aulas con alguien que ya había aparecido en la prensa explicando los secretos de su éxito. Adeyemi Ajao, un malagueño hijo de un nigeriano y una española, había formado parte del núcleo duro de Tuenti. Había intentado repetir el éxito de Facebook a la española, pero su red social terminó en manos de Telefónica.* En California, Adeyemi y su socio de entonces, Brendan Wallace, ya eran alumnos aventajados en aquello de ir por la vida con el título de emprendedor. Ellos se convirtieron en los primeros mentores de Cabify.**

* El grupo de telecomunicaciones español Telefónica pago 70 millones de euros por el 80 por ciento de Tuenti en 2010 y tres años más tarde se hizo con el control absoluto de la empresa. Ante la creciente competencia y los malos resultados económicos, la red social se acabó convirtiendo en un operador móvil virtual (la opción *low cost* de Telefónica), pero en 2022 cerró definitivamente.

** Brendan Wallace fundó más tarde un fondo de capital riesgo especializado en tecnología inmobiliaria Fifth Wall, que gestiona más de 3.000 millones de dólares en activos. Aun así, las primeras fotos que aparecen al buscar su nombre en Google no tienen nada que ver con sus negocios tecnológicos, sino con la vez en que unos paparazzi lo cazaron dándose un beso con la actriz británica Emma Watson en un restaurante en México.

Según ha asegurado en diversas ocasiones, Juan de Antonio quería que las ciudades fueran más habitables y que los trayectos por su interior fueran menos contaminantes. Comparaba el trasiego de Madrid con los paisajes sin coches de su pueblo y buscaba cómo conciliar aquellas dos maneras de vivir tan distintas. De hecho, antes de volver a España fichó por Zero Motorcycles, una empresa de motos eléctricas fundada por un ingeniero de la NASA que había entrado demasiado pronto en ese mercado. La marca fracasó en su desembarco en Europa porque los vehículos aún parecían demasiado caros. Gracias a esa derrota, un *leitmotiv* que se repite mucho en el mundo *startup*, llegó Cabify.

Cuando este nombre se pronunció por primera vez, ya hacía dos años que Travis Kalanick y Garrett Camp habían empezado a trabajar en su aplicación en Silicon Valley. Al principio se llamaba UberCab y se vendía como la manera más eficiente para llegar del punto A al punto B con solo un clic en el móvil. Estrenaron el servicio en San Francisco con coches negros de gama alta. El trayecto costaba más del doble que ir en taxi.[5] Con Uber podías mandar un mensaje de texto con tu dirección o señalar en un mapa dónde te encontrabas y un vehículo impecable aparecía en unos minutos a recogerte. Era similar a las emisoras de taxi de toda la vida, pero con «estilo y comodidad», como prometían sus anuncios.

El experimento llegó a Nueva York y París al poco tiempo. El modelo de negocio había ido cambiando y ya no se trataba solo de ofrecer trayectos de lujo. Uber se unió a la corriente de la llamada economía colaborativa: prometía que cualquiera con un vehículo propio y algo de tiempo libre podía ser conductor profesional. La empresa californiana ofrecía la posibilidad de convertirte en tu propio jefe, pero con unas tarifas que no podías fijar, sin cobrar la baja si estabas enfermo ni permitirte unas vacaciones pagadas.

No es ningún secreto que muchas *startups* empiezan gracias los buenos contactos... A Juan de Antonio le presentaron a Sam Lown, el informático británico a quien se le ocurrió el nombre de la plataforma. Buscaban dominios cortos y disponibles. *Cab* significa 'taxi' en el Reino Unido y el sufijo *-ify* lo hacía sonar más fresco y dinámico. No era un taxi, pero se le parecía. De hecho, quería ser aún mejor que aquel colectivo, que se había quedado desfasado. Juan siguió buscando gente que se sumara al proyecto entre su círculo más cercano y llamó a los contactos que le recomendaban otros emprendedores: Adrián Merino (a quien conocía desde los catorce años), Vicente Pascual (otro segoviano con quien había coincidido viajando en Vietnam) y Paco Montero (que había estado en Tuenti y con quien lo puso en contacto Adeyemi).[6] El consejero delegado de Cabify tenía muy claro que, si algunos de sus compañeros de clase en Stanford habían conseguido inversores que les financiaran su empresa, no iba a serle tan complicado lograr lo mismo.

Aunque se hubiera marchado de Estados Unidos, su empresa seguía vinculada al país de las oportunidades. El mismo año en que nacía Cabify, Juan también registró la sociedad en Delaware. Como hemos visto en el capítulo anterior, mudarse a este estado, que reniega del título de paraíso fiscal, es algo habitual entre las *startups* españolas. En este caso, también justificaron que instalar allí una sede daba seguridad a sus inversores y facilitaba trámites que en España eran mucho más lentos.

A finales de 2011, Cabify lanzó la primera versión de la aplicación con una flota de coches negros y conductores vestidos con traje y corbata. Ese uniforme era obligatorio. Había Audis, Mercedes y BMW. El modelo de negocio se enfocaba en servicios para empresas y los vehículos se podían contratar desde la aplicación o a través de su página web. Los clientes tenían la opción de pagar directamente con el móvil, conocer el precio de antemano y recibir factura por si querían recuperar el IVA más tarde.

El reclamo de Cabify para llegar a su público potencial era que el transporte público estaba anclado en el pasado. Más concretamente, los taxis estaban anclados en el pasado. No tenía ningún sentido seguir usando una máquina antigua que hacía avanzar el precio de la carrera con cada segundo recorrido. Un taxímetro no tenía ningún tipo de inteligencia. Su alternativa era un producto prémium para el cliente cosmopolita que quería moverse por la ciudad «seguro y al mejor precio». El logo simulaba el marcador para saber «dónde está usted» de Google Maps, pero con la forma de una C de Cabify.*

¿Y qué tienen en común una limusina, un coche fúnebre y Cabify? Los tres usan el mismo documento legal

* Cabify aseguraba semanas después de su estreno oficial que ya habían registrado los primeros 20.000 usuarios y casi 3.000 viajes en la ciudad de Madrid. Al año siguiente estaban operando en Latinoamérica y ya había llegado a países como México, Chile y Perú, a los que se sumarían más tarde Brasil, Panamá, Argentina, Colombia, Ecuador o República Dominicana.

para circular con tranquilidad por las calles españolas. En Estados Unidos, Uber permitía ser conductor a cualquier persona con coche y sin antecedentes penales, pero la aplicación de Juan no podía usar esa fórmula en su propio país. Para poder funcionar en un sistema como el español, mucho más regulado que el estadounidense, los fundadores se valieron de una falla en el sistema: los VTC.

Esta es la manera más corta de referirse a los vehículos de turismo con conductor. Son las tres letras que aparecen en los papeles de la guantera de esos coches lujosos que esperan ante las puertas de un buen hotel para trasladar a sus clientes al aeropuerto. También las que han facilitado que hoy Cabify forme parte del exclusivo club del unicornio español.

Como una licencia de bar o un permiso para convocar una manifestación, las autorizaciones VTC debe concederlas la Administración pública. Y en un principio, mucho antes que a nadie le sonara el nombre de Cabify, estaban limitadas. ¿Por qué motivo? Para evitar el choque con los taxistas, otro colectivo que se gana la vida trasportándote dentro de una ciudad. No podía haber más de una por cada treinta taxis. Era un mercado cerrado. Pero esta lógica terminó en 2009. Ese año el gobierno socialista de José Luis Rodríguez Zapatero aprobó una ley que abría la veda a la especulación.* Las

* La ley ómnibus de 2009 modificaba de golpe distintas normativas para cumplir con una directiva europea que liberalizaba algunos servicios. Los VTC eran solo uno de ellos. Después de eso, durante seis años hubo barra libre para acumular autorizaciones hasta que el PP pactó volver a la ley original el 2013, ante la amenaza de dos huelgas de taxistas a las puertas de unas elecciones generales.

autorizaciones VTC dejaban de estar sometidas a una proporción y empresarios del mismo sector del taxi (y de muchos otros ámbitos) se lanzaron en masa a comprarlas. La lluvia de solicitudes para conseguir aquellos papeles tan baratos se prolongó varios años. Sin todas aquellas peticiones nunca habrían existido las decenas de flotas de vehículos que tiempo más tarde acabarían conduciendo para Cabify y Uber.

¿Qué mejor estreno para una aplicación de transporte que un congreso mundial de telecomunicaciones? La semana del Mobile World Congress de 2012 fue la prueba de fuego de Cabify en Barcelona. Esos días la ciudad se llena de directivos trajeados (las mujeres son apenas una cuarta parte de los asistentes) y listos para vivir unos días de reuniones y negocios, pero sobre todo de cenas y fiestas en buenos restaurantes a cuenta de la empresa. Este congreso encajaba a la perfección con el público que buscaba la plataforma en ese momento: ejecutivos acostumbrados al taxi a los que ofrecer lo mismo con una capa extra de falso glamur. En su primer año de vida, un viaje en Cabify costaba como mínimo lo mismo que un menú de bar antes de las últimas crisis. Entonces la empresa presumía de no cobrar por la bajada de bandera ni los suplementos, pero pedía una carrera de al menos diez euros. Ir del aeropuerto del Prat en Barcelona hasta el recinto donde se celebraba el evento tecnológico, con taxistas protestando a sus puertas contra el intrusismo laboral, salía por cerca de treinta euros en «condiciones idóneas de tráfico».[7]

Desde las primeras oficinas de Cabify, en la calle San Bernardo de Madrid, casi se llegaba a ver la Gran Vía.

A pocos pasos, el cartel luminoso del teatro Lope de Vega anunciaba las funciones de *El rey león*. En esos escasos metros de despacho trabajaba la primera veintena de empleados de la compañía. Juan —alto, con barba y la cabeza rapada— apenas había pasado la frontera de los treinta y la media de edad del equipo era muy joven. El proyecto se alimentaba de *juniors* y becarios con muchas ganas de quedarse a hacer horas extra y que esperaban que poner el nombre de aquella *startup* tan prometedora en el currículum los ayudara en su futuro laboral.*

Por entonces, el sector tecnológico se había librado relativamente de las peores consecuencias de la crisis. Pero España aún salía de la recesión y eran muchas las empresas que empezaban a ir a la bancarrota. Costaba conseguir dinero para llenar la caja, tanto de los bancos como de los inversores. Juan afirmó años más tarde que Cabify había muerto cinco veces hasta 2014. La resucitó dejando su patrimonio en hipotecas para pagar los salarios de la plantilla y evitar el cierre. También gracias a que los trabajadores aceptaron cobrar en acciones mientras no llegase más dinero.[8]

¿Qué pasaría si, en vez de ser un Mercedes o un Audi, el coche que llegaba a recogerte en unos minutos fuera una berlina un poco más modesta? Cabify aprovechó esos

* Hasta ese momento, la compañía había arrancado con el capital inicial de los fundadores y la ayuda de Adejemi Ajao y Brendan Wallace desde California. Los primeros fondos en entrar fueron The Hit Forge y Red Swan Ventures. En esa ronda de 1,6 millones de euros participaron la empresa de sistemas con sede en Connecticut Resolute Partners y Maurice Werdegar, un inversor de California que había liderado una de las primeras operaciones en Facebook.

meses oscuros para repensar su sistema de tarifas y presentar una versión *low cost* del servicio. Además, se abrió a que los mismos taxistas, con quienes ya habían tenido algún que otro roce, la pudieran usar. Al poco volvieron las notas de prensa y la empresa anunció a bombo y platillo que acababa de cerrar una ampliación de capital de ocho millones de dólares liderada por Seaya Ventures. Ya hemos hablado de esta firma en el capítulo anterior, porque el fondo de Beatriz González también invirtió años más tarde en Glovo. Pero antes de eso, la hija del expresidente del BBVA Francisco González ya se había fijado en aquellos emprendedores que querían vaciar las ciudades de coches para llenarlas de VTC.*

«¡¿Que tal Barcelona?! Su uberPOP está llegando!» Con esta exclamación, Uber, la competencia a la que Cabify había observado desde el otro lado del Atlántico, desembarcaba en España en 2014. Pero la empresa californiana aterrizó con un discurso muy distinto. Quería abrir el transporte de pasajeros a personas sin ninguna experiencia como chóferes. Se presentaban como «una alternativa segura, eficiente y económica» para moverse de un lado al otro. La oferta de lanzamiento iba directa a la guerra de precios. La tarifa mínima era de tres euros, muy inferior a la de Cabify, y el viaje costaba ochenta céntimos por kilómetro recorrido más treinta céntimos el minuto. El primer trayecto era gratis con un código de descuento.[9]

* En la operación también entraron en Cabify la gestora de capital riesgo Black Vine y empresarios latinoamericanos. A los pocos meses, los mismos inversores aportaron cuatro millones de dólares más.

En la economía digital siempre hay que medir las palabras y la proyección pública. Por eso Uber hablaba de «conductores locales» dispuestos a «compartir su coche durante un viaje a un precio asequible». La plataforma de Travis Kalanick, a quien después veríamos en una serie de HBO interpretado por el actor Joseph Gordon Levitt, contaba con una baza en ese momento: los turistas que hasta entonces habían abierto inútilmente la aplicación cuando visitaban Barcelona, acostumbrados a emplearla en otras partes del mundo, ahora podían usarla.

Pero una entrada así, arrasando con todo y basada en un modelo sin cabida en la ley española, no podía durar mucho. En dos meses, la Generalitat de Cataluña había abierto un expediente sancionador contra sus taxistas amateurs* Pero, sobre todo, la llegada de Uber había provocado una guerra total con los taxistas. El estallido fue similar al que se produjo en otras ciudades europeas, como París, Roma o Berlín. Manifestaciones, marchas lentas, ventanas rotas y ruedas pinchadas, que fueron el inicio de un conflicto aún sin resolver.

El mismo año en que Uber llegó a España, Alberto *Tito* Álvarez subía por primera vez a un taxi en el asiento del conductor. Antes había sido soldador, mensajero, camarero en un bar del barrio del Congrés en Barcelona y gruista, hasta que la empresa de transportes en la que trabajaba se declaró en bancarrota. Empezó de taxista como asalariado —sin licencia propia— y terminó convertido en la cara visible de la lucha del sector. Cuando empezó a aparecer al frente de todas las protestas de taxistas, su asociación, Élite Taxi, no era ninguna de las principales patronales del colectivo. Incluso generaba un cierto recelo entre los que habitualmente se sentaban a negociar con las administraciones. Sus miembros aparecían en las manifestaciones vistiendo la misma camisa negra con un escudo impreso sobre el corazón y a los coches negros sin taxímetro de Uber y Cabify los llamaban «cucarachas». Pero es importante ponerles cara. Sin ellos es imposible entender cómo las protestas de taxistas cortando avenidas terminaron en la agenda del presidente del gobierno de España.

La llegada de Uber, con quien Cabify también competía en América Latina, fue un toque de atención para que la empresa se apresurara a conseguir más inversión. El tamaño de una y otra no tenía nada que ver. Las rondas de financiación de la californiana se contaban por miles de millones de dólares. Hasta que en 2015 a la española también la vino a rescatar Rakuten, tal y como le sucedió a Glovo dos años más tarde. La multinacional japonesa se convertiría durante bastante tiempo en la principal fuente que sustentaba la expansión de Cabify.* También fue la responsable de que a principios de 2018 la aplicación se convirtiera en el primer unicornio español, en una operación de ciento sesenta millones de dólares —la más grande hasta la fecha— que disparó su valor por encima de los 1.400 millones.

Hay que tener en cuenta que en el mundo de las *start-*

* En 2015, Uber ya estaba valorada en más de 60.000 millones de dólares, más de lo que valía en bolsa el Banco Santander a finales de 2022. Ese mismo año, Cabify cerraba una operación de 12 millones de dólares en la que entraba Rakuten. Cuando apenas habían pasado seis meses, la nipona volvía a liderar una inyección de 120 millones, y en 2017, otra de 160.

ups los beneficios no siempre son una prioridad. Muchas empresas que ahora lucen el título de unicornio se han pasado más de una década quemando dinero porque los inversores creyeron que algún día recuperarían los millones desembolsados en esos años de crecimiento desmedido. Aplicaciones de transporte como la misma Uber, su competidor en Estados Unidos Lyft o las redes sociales Snapchat y Pinterest han tardado años —incluso mucho después de salir a bolsa— en vislumbrar un trimestre de beneficios con el que presumir ante el mundo de su futuro brillante. Cabify solo ha conseguido dejar atrás los números rojos durante un año, 2019, en los más de diez que lleva operando en España.[10]

Doce horas al volante

Jorge siempre había tenido callos en las manos. Estaba acostumbrado a que el trajín constante de usar cuchillos y herramientas afiladas le fuera dejando marcas en la piel. Había aprendido a cortar carne con precisión desde los dieciséis años, cuando empezó a trabajar en mataderos en Valencia. La empresa era un proveedor de Mercadona, pero él y el resto de sus compañeros no constaban como empleados a ojos de la Seguridad Social. Como en muchas otras cárnicas, se usaban falsos autónomos para ahorrar en condiciones laborales. Hasta que la Inspección de Trabajo obligó a contratarlos a todos. Lo que Jorge no se esperaba era que la situación empeoraría en el momento en que dejó de ser ilegal. Más horas, más presión, más exigencia. Cuando lo despidieron y se vio en el paro con cincuenta y dos años, un amigo le habló por primera vez de una aplicación donde contrataban a muchos otros hombres con canas y sin empleo.

De entrada, no le pareció mal. Cabify era la mejor opción posible para seguir llevando dinero a casa hasta que encontrara algo mejor. Un mínimo de once horas al día recogiendo y llevando pasajeros por Valencia. A final de mes sacaba unos 1.100 euros de sueldo base. Pero había una promesa. Si facturaba más de 2.700 euros al mes con sus trayectos, se quedaba como comisión con el 40 por ciento de lo que superara esa cantidad. El primer mes condujo durante un sinfín de horas extra y lo logró. Le pagaron. Pero al segundo mes la empresa le dijo que el tope había subido y nunca volvió a ingresar más bonos. Hay que aclarar que a Jorge no lo contrataba Cabify directamente, sino una flota privada que usaba la aplicación con sus propios coches.

Ser chófer implicaba llevar traje y corbata, y estar siempre alerta de las notificaciones del móvil, de los atascos de tráfico, de las miradas de la policía local, de lavar y aspirar la suciedad del coche, de las prisas del cliente por llegar a tiempo a la estación de tren o al aeropuerto... Había días en que Jorge trabajaba de madrugada, días en que trabajaba en festivo y días en que trabajaba catorce horas. Si se ceñía al horario que aparecía en su contrato, notaba las miradas de desaprobación de los jefes.

Estas preocupaciones también pasaron por la cabeza de Vladimir, aunque su historia es otra. Vino a España hace más de una década desde la ciudad ucraniana de Kolomyia, cerca de la frontera con Rumanía. Emigró a

Madrid, pero fue al cambiar la capital por Valencia cuando conoció Cabify. El trabajo le cayó del cielo, porque un conocido ya estaba en la flota. Empezaría en el turno de noche, trabajando durante seis días y luego librando dos. Como contaba Jorge, el mínimo que debía facturar para empezar a cobrar comisiones subía sin ningún pudor semana tras semana. Si no te gustaban las condiciones, podías irte. La rotación entre los conductores era muy alta y quien encontraba un trabajo un poco mejor terminaba dejándolo.

Para facturar algo más de lo exigido, Vladimir terminó conduciendo hasta doce horas al día. En la flota, buena parte de la plantilla eran migrantes que, al igual que él, no tenían muchas más opciones. Pero marcó su primera línea roja cuando la empresa lo obligó a trabajar todas las madrugadas del fin de semana. En esas noches en las que los pasajeros ya han bebido algunas copas de más cuando suben al coche podían pasar muchas cosas, pero se acuerda sobre todo de una en concreto. Eran pasadas las cuatro de la mañana cuando la pantalla del móvil de Vladimir se iluminó con la notificación. Una pareja quería volver a casa después de una boda. Cuando entraron el coche discutieron entre ellos, pero Vladimir no se sorprendió. Se había acostumbrado a las broncas alcoholizadas a bordo de un Cabify. Siempre llevaba preparadas las bolsas para evitar una escena de vómitos sobre la tapicería. El hombre se montó rápidamente en el asiento del copiloto y ella se quedó en el de detrás. Notó algo extraño en la actitud de él. Al ponerse en marcha, el GPS le había sugerido una ruta que pasaba por caminos sin asfaltar, pero a Vladimir le pareció que tenía más sentido acortar por la autopista. Entonces el hombre se empezó a poner nervioso, a cogerle el móvil y acusarlo de no tener ni idea de por dónde ir. El conductor le pidió que se calmara o pararía el coche. Entonces, el cliente le exigió que lo llevara a su destino y arrancó el teléfono del soporte del navegador. Intentando recuperarlo, Vladimir se llevó varios golpes en la cara mientras conducía. Por suerte, no iba muy rápido y pudo frenar hasta que la mujer hizo bajar a su acompañante del coche. El conductor volvió al salón de bodas donde había recogido a los pasajeros, ensangrentado y con la nariz fracturada, para avisar al vigilante de lo que acababa de ocurrir. En el hospital le hicieron un parte de lesiones y tuvo que pasar unas semanas de baja. Cuando llamó a la flota para comunicarlo, le dijeron que no iban a dedicar un abogado «para ese tipo de cosas» y la agresión quedó en esa anécdota que aún hoy sigue contando.

Igual que aprendió a esquivar situaciones incómodas, con el tiempo Vladimir también se aseguró de ir siempre más despacio cuando el suelo estaba mojado. El estado de los coches dejaba mucho que desear, y siempre optaba por prevenir. Era habitual que tuvieran abolladuras, saltara un fallo en el motor o que los neumáticos ya se hubieran desgastado demasiado. Nadie quería arriesgarse a sufrir un accidente, pero, más que por su propia integridad, por si le tocaba descontar el coste de los desperfectos de su nómina. A él le pasó en una ocasión, en un choque con otro vehículo en el que no quedó claro de quién había sido la culpa.

Tras las vivencias de estos dos conductores se esconden empresarios como José Antonio Parrondo. Este hombre de perilla redonda y oscura y gafas de montura fina es una de las antiguas figuras destacadas del taxi que hicieron fortuna gracias a las siglas VTC. Su imagen dista mucho de las camisetas con mensaje ecologista de Juan de Antonio. Es más habitual verlo en las fotos de archivo con trajes noventeros y camisas de rayas. Tirando de hemeroteca es bastante fácil descifrar cuál fue su anterior vida, antes de convertirse en parte del entramado de empresas que hay detrás de los coches de Cabify y Uber. En una de las primeras fotografías que aparece en Google si tecleas su nombre se le ve con el puño alzado y aguantando una pancarta en una manifestación para proteger al sector del taxi. José Antonio Parrondo fue presidente de la Asociación Gremial del Taxi de Madrid de 2007 a 2009, hasta que sus propios compañeros forzaron su marcha.* Esa salida un tanto incómoda coincide con los años en que otros empresarios del taxi como él empezaron a ver un buen negocio en los VTC. Parrondo tenía las autorizaciones y los contactos, pero le faltaban los socios adecuados y muchos millones de euros.

Cuando Félix Ruiz y Zaryn Dentzel fundaron Tuenti seguramente no esperaban acabar montando una empresa de transporte con un extaxista. A mediados de 2017 cambiaron las redes sociales por un sector que desconocían totalmente. Hugo Arévalo se encontró en la misma situación. También había sido de los primeros en poner dine-

* La junta de la Asociación Gremial del Taxi de Madrid —encabezada por José Luis Funes, que también se pasaría más tarde al bando de los VTC— lo acusó de mala gestión y de gastos indebidos. Y aunque Parrondo intentó atrincherarse en la sede de la entidad, no pudo evitar su cese. El caso terminó en los juzgados, pero la demanda por malversación no prosperó.

ro en Tuenti y por entonces era el presidente ejecutivo de la marca de gafas de sol *low cost* Hawkers. Su empresa de VTC hoy sigue llamándose Auro. El matrimonio entre emprendedores tecnológicos y empresarios del taxi no parecía tener mucho sentido, pero también se les sumó en el accionariado Bernardo Hernández. A él ya lo conocíamos por haber invertido en los inicios de Tuenti y de Glovo, además de formar parte del equipo inicial que puso en marcha Idealista. Pero de esto hablaremos más adelante.

Ahora el cuartel general de Auro son unas instalaciones imponentes en Vicálvaro, a unos doce kilómetros del centro de Madrid. El edificio es una mezcla entre un concesionario y las oficinas de una empresa de Silicon Valley, con una entrada acristalada y techos muy altos. Es imposible que no llame la atención en una zona tan desangelada, en la que casi no hay ni polígonos industriales. Centenares de coches negros relucen bajo el sol, estacionados en una infinidad de plazas de aparcamiento. Son más de 30.000 metros cuadrados de despachos, túneles de lavado y talleres mecánicos, donde incluso cabe una gasolinera. La sede cuenta con una sala de control desde la que se monitorizan todos sus coches. En una sala con sofás y sillones para descansar, los conductores esperan cabizbajos mirando el móvil hasta que los avisan del siguiente trayecto.

Pero este no es el único grupo de empresarios que ha estado haciendo negocio en España gracias a las autorizaciones VTC. Otro de los que invirtió rápidamente en el sector fue Rosauro Varo. Pese a haber amasado millones con distintas inversiones, este abogado sevillano que nunca llegó a ejercer ha aparecido mucho más en la prensa por ser «la pareja de». Hace más de una década que sale con la actriz española Amaia Salamanca (protagonista de series como *Sin tetas no hay paraíso* o *Velvet*), con quien tiene tres hijos. Mucho antes de conocerla, se le podía ver con una vespino roja repartiendo botellas a domicilio por Sevilla, mientras le decía a su madre que se iba a estudiar a la biblioteca nocturna.* También le pidió a su familia 250.000 pesetas (unos 1.500 euros al cambio) para organizar una fiesta de fin de año y reinvertir los beneficios en otros negocios de la noche como la discoteca Boss, un clásico de Sevilla que acabó demolido para construir viviendas.[11]

Después de probar con negocios tan variopintos como una cadena de televisión local de vídeos musicales, franquicias de moda infantil o una empresa de rayos uva a domicilio, Varo se metió en la telefonía. Se fue a vivir a Madrid y se hizo amigo de Javier Hidalgo, el segundo de los tres hijos de Juan José Hidalgo, presidente de Globalia, uno de los principales grupos turísticos en España. Fue él quien lo convenció de comprar a medias Pepephone, una operadora móvil *low cost*. A los cuatro años, le revendían la empresa por 158 millones de euros a MásMóvil. Aunque los acusaron de haber dado un pelotazo, Varo defendió que no era un proyecto especulativo y que la compañía había disparado los ingresos con su gestión. Sea como sea, la operación catapultó su patrimonio.**

* Su madre es Juana Amalia Rodríguez Hernández, una histórica del PSOE andaluz que fue diputada en el Congreso, donde votó a favor de un decreto para frenar el *boom* de los VTC.

** Más allá de sus negocios, Varo es una persona con influencia en

Ese dinero fue su puerta de entrada a los VTC, un negocio para el que hacen falta suficientes millones para pagar el alquiler de los coches y las nóminas de los conductores. El empresario sevillano estaba detrás de Vector Ronda Teleport, una sociedad que en poco tiempo llegó a acumular cerca de mil autorizaciones. Eran el doble en 2019, cuando Varo se cansó del negocio y acordó vendérselas a Cabify a cambio de 37 millones de euros en acciones de la empresa. Si de algo se ha acusado a este negocio en los últimos años es de su naturaleza especulativa. Unas autorizaciones que se habían comprado por treinta, cuarenta o cincuenta mil euros, habían ido cambiando de manos hasta revenderse en forma de paquetes por millones de euros.

Pero aún hay otro equipo de españoles con apellidos distinguidos que se ha adueñado de esta industria. En el edificio 30 Rock, en la emblemática plaza Rockefeller de Nueva York, no solo se encuentran los estudios de la cadena de televisión NBC. También te puedes cruzar con la sede de un banco de inversión llamado Lazard. Ahí se reúne su cúpula y se toman las decisiones, pero sus ingresos y beneficios se encuentran a dos horas en avión y en medio del Océano Atlántico. Concretamente, en el archipiélago de Bermudas, un territorio considera-

---

el sector de la comunicación y la política. Fue consejero del medio digital *El Español* y en 2020 lo nombraron consejero independiente y vicepresidente del consejo de administración de Prisa. A través de GAT es inversor en Telefónica y cercano a su presidente, José María Álvarez-Pallete. Los taxistas lo cazaron en un vídeo bailando sevillanas en una caseta de la Feria de Abril de Sevilla con la expresidenta del PSOE andaluz, Susana Díaz.

do paraíso fiscal donde no existe el impuesto de sociedades. Y hablo de esta firma de asesores financieros porque su presidente en España fue en su momento Jaime Castellanos, otro de los directivos que se aceraron a Cabify para invertir en los VTC.*

Nunca había emprendido negocios relacionados con el transporte, pero lo acompañaban otros grandes patrimonios españoles. Por ejemplo, Jon Riberas, vicepresidente del grupo de ingeniería de automoción Gestamp y accionista de esta multinacional del IBEX 35 junto con su hermano Francisco. Un empresario que ocupa el puesto número 25 en la lista Forbes de los españoles más ricos de 2022 con una fortuna estimada en mil millones de euros.

Crearon Moove Cars y lo que pasó a partir de entonces sigue el mismo patrón que en el caso de Vector Ronda o Auro: una compra masiva de otras empresas de VTC hasta atesorar más de 3.000 autorizaciones.[12] Es otro de los gigantes indiscutibles del sector. Sobre todo, desde que encontraron un nuevo socio, el fondo King Street Capital. Esta firma de inversión tiene las oficinas centrales en Nueva York, pero la sede en Delaware y filiales en las Islas Caimán y las Islas Vírgenes.**

* Jaime Castellanos también presidió el grupo Recoletos, la empresa editora de periódicos como *Marca* y *Expansión* y la revista *Telva*, y que ahora es propiedad de Unidad Editorial. Además, es tío de la presidenta del Banco Santander, Ana Botín.

** King Street Capital compró otra antigua flota de VTC, Ares Capital, en 2018, antes de fusionarse con Moove Cars. Ahora el laberinto societario del grupo es si cabe más complicado. Moove Cars depende de Siargao Directorship SL, una empresa domiciliada en Madrid. Esta a su vez está controlada por la sociedad Garment Investment SL, que

Muchos de estos entresijos societarios son un poco menos opacos porque periodistas como Jesús Martínez en *La Información* o Manuel Ángel Méndez en *El Confidencial* empezaron a tirar del hilo para descubrir quién se escondía tras esos miles de coches que habían inundado de pronto las calles de muchas ciudades españolas.* Cuantos más eran, más crecía la tensión con el taxi. Y esta es la siguiente parte del relato. La de quienes cortaron avenidas para impedir que el negocio de Cabify y Uber los dejara sin nada.

La guerra del taxi

Cerca de 2.000 coches negros y amarillos ocupan la Gran Vía de Barcelona. Están colocados en filas casi perfectas, pero cada pocos metros queda un espacio vacío entre ellos. Los han dejado a propósito. Pronto se llenan de mesas de pícnic, sillas plegables, sombrillas y hasta una piscina hinchable. Desde unos altavoces suena música tecno y se acaba formando una pequeña *rave* espontánea a su alrededor. Hace ocho días que estos taxis sirven como dormitorios improvisados para sus dueños, porque lo que había empezado como una huelga de cuarenta y ocho horas se ha convertido en un pulso al Ministerio de Transportes.

---

tiene como único socio a Stone Peak Plum Investment II SARL, con sede en Luxemburgo.

* Según los datos del Ministerio de Fomento, en noviembre de 2022 había 17.526 autorizaciones VTC en España —cerca de la mitad concentradas en Madrid— frente a 58.151 licencias de taxi. Muy lejos de ser una por cada treinta, como marcaba inicialmente la ley.

Están frustrados, cansados, enfadados y acalorados, porque nos encontramos a finales de julio. Pero no van a mover ni un centímetro sus coches hasta que el entonces ministro de Fomento, José Luis Ábalos, les prometa que los VTC no van a sumar más licencias en España. El centro de Barcelona no es el único que se halla totalmente colapsado por los vehículos. En Madrid, el colectivo lleva los mismos días cortando el paseo de la Castellana.

Esa primera gran huelga de la guerra del taxi en el verano de 2018 no se desconvocó hasta que llegó un decreto. Por ley, los coches de Cabify y Uber iban a tener fecha de caducidad: 2022. A partir de entonces, sus autorizaciones solo serían válidas para los trayectos entre ciudades, no dentro de ellas. El gobierno español les daba una moratoria de cuatro años a las empresas a modo de indemnización. La pelota quedaba en el tejado de las comunidades autónomas. Podían crear un nuevo permiso para que las aplicaciones y sus flotas siguieran siendo legales o no tocar nada y condenarlas al cierre.

En el caso de Cataluña, para evitar más huelgas como la que terminó con un referéndum de taxistas improvisado en el centro de Barcelona, se puso un límite a los VTC. La Generalitat improvisó una normativa para que fuera obligatorio reservar uno de esos coches negros con una antelación de quince minutos. Entre que el cliente pedía un trayecto y el conductor lo aceptaba y salía a buscarlo, debía pasar como mínimo un cuarto de hora.

Uber y Cabify aseguraron que esa medida los empujaba a irse. La estadounidense se marchó de inmediato y, de hecho, solo volvió a Barcelona tres años más tarde como aplicación para pedir taxis. Cabify hizo lo mismo unos días después, cuando el texto oficial del decreto ya estaba publicado. La decisión dejaba en una situación aún más incierta a los conductores de las flotas, que solo unas semanas antes habían cortado la avenida Diagonal en Barcelona para protestar contra ese límite de quince minutos. Algunas de estas empresas anunciaron despidos masivos. Avisaron de que 3.000 trabajadores se iban directos al paro.

Esta situación de limbo, con chóferes esperando en sus casas mientras los coches permanecían parados, se resolvió al mes siguiente. Cabify anunció que volvía a Cataluña. La empresa aseguraba que se había adaptado a la nueva normativa. Pero el truco legal que se escondía tras este regreso estaba en la letra pequeña.

A los usuarios de Cabify en Cataluña les llegó un correo electrónico con unas nuevas condiciones de servicio que tenían que aceptar para volver a usar la aplicación. Al hacerlo, firmaban un contrato de un año según el cual la espera de quince minutos solo afectaba a la primera reserva. En el segundo trayecto, todo volvía a la normalidad y parecía que el decreto catalán nunca hubiera existido. Esta finta les costó una cincuentena de multas por valor de más de 30.000 euros por saltarse la ley. Pero hoy Cabify sigue funcionando así en Barcelona.*

* Para volver a Cataluña pese a la nueva ley, Cabify empezó a usar su propia flota en vez de operar como un simple intermediario tecnológico. Compró la sociedad Prestige and Limousine SL a José Antonio Parrondo, con trescientos coches listos para volver a circular. En el

Mientras la confrontación con el taxi subía de tono, a la empresa también le empezaban a llegar las primeras demandas de conductores contra despidos improcedentes y horas extra que no aparecían en el contrato.

Ramón (nombre ficticio) trabajó conduciendo para Vector Ronda y, como otros de sus compañeros, también tiene una historia de precariedad laboral. Un viernes de febrero de 2018 fue a buscar el coche de la flota donde lo había aparcado, pero no lo encontró. Lo había dejado en zona de carga y descarga y, aunque solo fue media hora, se lo había llevado la grúa. El coche estaba esperándolo en un depósito municipal de Barcelona. Como era final de mes, no podía asumir el coste de sacarlo y pidió a la empresa que lo abonaran ellos y se lo descontaran de la siguiente nómina. Vector se negó a aceptar el trato y Ramón se resignó a asumir él mismo el pago a partir del día 1, cuando hubiera cobrado.

Lo que no se esperaba el conductor es que al acudir al trabajo al día siguiente lo llamaran para decirle que no se presentara hasta que recuperase el vehículo. La situación le provocó un ataque de ansiedad, pero volvió a ir a las instalaciones de Vector al día siguiente. De nuevo, la respuesta de los jefes fue mandarlo a casa e insistir en qué le restarían también esos días por faltar al trabajo. Ramón denunció el caso a la Inspección de Trabajo y al día siguiente le entregaban la carta de despido.

De su paso por los tribunales salió una sentencia que, aunque fuera de un juzgado de primera instancia de Bar-

resto de las ciudades españolas seguía funcionando como una plataforma que ponía en contacto conductores y clientes.

celona, empezó a tirar del hilo de una larga lista de empresas con vinculaciones.* Su abogado defendía que todas ellas formaban un «grupo patológico de empresas». ¿Qué significa esto? Pues que, aunque no estuvieran relacionadas de manera formal, actuaban en la misma dirección e incluso algunas compartían sede. Para Ramón, todas habían tenido un papel relevante en algún momento u otro de su experiencia como conductor de Cabify. El juez le dio la razón y las condenó a pagarle una indemnización de 6.251 euros por vulnerar sus derechos fundamentales.

La mayoría de los problemas legales de Cabify que han tenido eco mediático han sucedido en España, donde la empresa ha protagonizado multitud de titulares. Pero su expansión en América Latina también ha dejado un rastro de sentencias judiciales a favor y en contra en distintos países del continente.**

El caso que llenó más hojas de periódicos fuera de España tuvo lugar el 2017 en México. Mara Castilla había quedado esa noche con unos amigos. Tenía dieci-

* En su demanda, Ramón no solo apuntaba a Vector. También hacía responsable a Yirmi UC Fiesta Omnibus (una de las primeras sociedades que creó Cabify para atesorar autorizaciones VTC), Jobandtalent (la ETT digital que lo había contratado cuando entró) y la misma Cabify (bajo el nombre de su matriz, Maxi Mobility Spain).

** En Argentina, donde la aplicación está abierta a conductores particulares, una jueza de Buenos Aires determinó que la relación con un conductor despedido era laboral. A la empresa le tocó pagarle al hombre una indemnización de 769.891 pesos, unos 6.600 euros. En cambio, en Chile el Tribunal de Defensa de la Libre Competencia les dio la razón tanto a la aplicación madrileña como a Uber en la demanda de un sindicato de taxistas por competencia desleal.

nueve años y cursaba el segundo año de Ciencias Políticas. Iban a salir a The Bronx, un local en la zona de bares de Cholula, una ciudad universitaria del estado mexicano de Puebla. Los bailes y los tragos se alargaron hasta las cinco de la mañana. Para volver a casa subió al coche de un amigo, pero los paró un control de alcoholemia. Necesitaba una alternativa para llegar a su apartamento, así que sacó el móvil y pidió un Cabify. Antes llamó a su hermana Karen para avisarla de ese cambio de planes. Una notificación confirmó que la recogería un hombre de apariencia joven que en la foto de la aplicación llevaba una camiseta blanca y una barba negra con el bigote y las mejillas afeitadas. A los pocos minutos apareció un Chevrolet de color gris y Mara subió al coche. Nunca llegó a casa y su última señal de vida es ese trayecto de cuarenta y cuatro minutos, guardado para siempre en el registro de la plataforma.[13]

Mara permaneció desaparecida ocho días hasta que encontraron su cuerpo sin vida en un terreno en Santa María Xonacatepec, a unos treinta y cinco kilómetros de donde la había recogido el coche de Ricardo Alexis. Para entonces el conductor de Cabify ya había sido detenido por el feminicidio. Las cámaras de seguridad de un motel de la zona lo habían captado saliendo del alojamiento. En la habitación número 25, que había reservado él mismo, se encontraron rastros de sangre en la alfombra y en el colchón. El asesinato de Mara Castilla provocó manifestaciones en todo México y las estudiantes de Guadalajara, Puebla o Xalapa (su ciudad natal) salieron a las calles con pancartas y gritos de «ni una menos».

Era la primera vez que Cabify estaba en el foco de las miradas por un tema relacionado con la seguridad. Para la compañía madrileña, el feminicidio de Mara Castilla supuso un aluvión de críticas en las redes sociales en México y reacciones como la del gobierno de Puebla, así como la suspensión de la licencia de Cabify para operar en el estado.[14] Los conductores están obligados a presentar un certificado de antecedentes penales y la empresa confirmó que Ricardo Alexis había proporcionado este documento para activar su perfil. En un comunicado, el grupo protestó contra la decisión e insistió en que había cumplido con «todos y cada uno de los requisitos que marca la ley». Aun así, ese veto solo duró un par de meses y la plataforma regresó a la región con una nueva función de botón del pánico y la opción de añadir un contacto de confianza al perfil del usuario.

Finalmente, Ricardo Alexis fue sentenciado por el asesinato de Mara Castilla en abril de 2021, cuatro años después de haberle quitado la vida. La condena para el conductor de Cabify fue de cincuenta años de prisión y el pago de una indemnización de 300.000 pesos mexicanos (algo menos de 13.000 euros al cambio) para la familia de la víctima.

Cabify se ha vuelto a encontrar con episodios de agresiones por parte de conductores a pasajeros u otras personas. En los que se han hecho públicos e incluso han dejado algún vídeo del incidente, la empresa ha «desconectado» a los individuos después de conocerse el caso. Por ejemplo, cuando uno de sus chóferes fue grabado atacando con un cuchillo a un motorista en una gasolinera de L'Hospitalet de Llobregat (Barcelona). A las pocas horas, la plataforma confirmó que se le había dado de baja y ya no volvería a circular en un vehículo con su nombre nunca más.

Work hard, play hard

En Cabify se estilaba, sobre todo antes de la pandemia, la práctica del *work hard, play hard*: «trabaja duro, diviértete duro». Quien ha pasado por la compañía recuerda sus fiestas y eventos, no solo en fechas señaladas como antes de Navidad. Era habitual que tuvieran lugar en la misma oficina, aunque la empresa también las ha trasladado a discotecas de moda de Madrid, como Medias Puri, una sala escondida en la trastienda de una mercería. Después nunca faltaban los cotilleos —una oficina tan llena de gente joven daba mucho juego— sobre lo que había pasado durante la noche. Cabify incluso instaló en su sede unos tiradores de cerveza para las cañas *afterwork*, cuentan antiguos empleados.

Hay quien recuerda esas fiestas por algunas dinámicas un tanto tóxicas. También se iba a hacer contactos y subir posiciones en la compañía. Si aparecías y hablabas con quien tocaba, podías ganar puntos para que te promocionaran. Un extrabajador admite que, en su experiencia de más de dos años en Cabify, se dio cuenta de que determinados perfiles estaban blindados por ser «amigos de». En caso de que hubiera algún problema, tenían las espaldas cubiertas. Para él, el caso más flagrante se dio cuando otra compañera denunció internamente por acoso laboral a una persona bien conectada con la dirección.

Ella comunicó el caso a través del «canal de ética», un buzón seguro que Cabify había habilitado para cuestiones de este tipo. Debía recibir respuesta a la reclamación en veinticuatro horas. Tardaron dos meses en contestarle. El responsable de Recursos Humanos de Cabify que lo gestionó la regañó por haber puesto una segunda denuncia antes de que se resolviera la primera y le aseguró que haría lo posible por mediar en la situación. Este testigo recuerda que finalmente los separaron, pero al poco esa persona volvió a trabajar con ella e incluso a sentarse a pocos metros de su puesto en la oficina. Después de haber denunciado internamente y pasado por todo ese proceso, cuando por fin consiguió no tener contacto laboral con su acosador, acabó perdiendo responsabilidades. La situación la quemó, así que encontró otro trabajo y se fue.

Detrás de las sonrisas en las fotos y los mensajes optimistas, Cabify también vivía aprietos. Después de varios años con margen para seguir ampliando la plantilla, en 2019 la empresa empezó a apretarse el cinturón. Como explicó entonces el periódico digital *La Información*, los departamentos recibieron la consigna de congelar nuevas contrataciones y limitar el gasto en prácticamente todo lo que no fuera tecnología.[15] Había que intentar acercarse a la rentabilidad, mientras la dirección negociaba una nueva gran ronda de financiación con fondos internacionales. Además, la empresa ya tenía en el horizonte la salida a bolsa, una operación para la que quería disfrutar de unas cuentas lo más saneadas posible y que, pese a los rumores, nunca se ha producido.

Llegaron los despidos en los equipos de España y Latinoamérica. Pablo (nombre ficticio) fue uno de los empleados de los que prescindió Cabify ese año y aun así lo recuerda «con una sonrisa de oreja a oreja». Considera que su posición dejó de tener sentido y que no había más razones para que continuara en la empresa. Lo asumió como algo normal, una consecuencia natural de trabajar en una compañía en la que hay que crecer rápido. Defiende que algunos puestos se habían duplicado y tocaba recortar. En su opinión, esa reestructuración tenía todo el sentido del mundo y, si él se convertía en un daño colateral, no pasaba nada. Al salir, aprovechó para montar su propio negocio digital y convertirse en emprendedor, como los fundadores de Cabify a los que siempre ha admirado.

Entonces el coronavirus paralizó totalmente el sector. Tanto taxi como VTC. Maite se acuerda del aviso que le llegó el día en que se declaró el estado de alarma. Su jefe le pidió que volviera a casa y aparcara el coche. Como muchos otros trabajadores de las flotas que trabajaban para Cabify, no esperaba quedarse tres meses encerrada sin poder hacer nada. Cuando cogió de nuevo el volante fue con muchos menos vehículos y clientes. Ella también era uno de esos chóferes mayores de cincuenta años que no encontraban otro trabajo a su edad. Antes de que la contrataran en una flota había enviado doscientos currículums sin éxito. En muchas ofertas le contestaban que buscaban a alguien más joven. Cuando la llamaron para hacer de conductora de un Cabify, ni siquiera sabía lo que era un VTC.

Maite consiguió un empleo, pero uno en el que nunca ha cumplido con las cuarenta horas semanales que aparecen en su contrato. Cada día está conectada como mínimo diez horas, a las que se suma el tiempo de descanso o lo que tarda en almorzar. Pero lo peor es disfrutar de un único día de fiesta a la semana, el sábado. Responde con el manos libres del coche después de un día flojo en el que ha tenido que trabajar dos horas más para compensar la escasez de pasajeros. Siente una presión constante por alcanzar los objetivos. Si baja el ritmo, no cree que la despidan, pero sí que la obliguen a compartir vehículo con un compañero. Y eso sería perder el mínimo de libertad que le aporta en su día a día como chófer de Cabify arrancar y aparcar el coche a la hora que ella prefiera.

En marzo de 2020, todos los coches que circulaban para Cabify se quedaron solos en medio de calles desiertas o directamente aparcados en garajes de flotas. La filial española volvió a los números rojos el primer año de la pandemia. Perdió 42 millones de euros y su facturación se hundió hasta los 86 millones.[16] A la plantilla, entonces de 450 empleados, se le aplicó un ERTE que se alargó hasta julio. Las jornadas se recortaron a la mitad y muchos de los trabajadores de las oficinas pasaron a hacer un turno de tarde para conectarse con los equipos de Latinoamérica pese a la diferencia horaria.[17]

En las filiales se vivió la misma escena. Una de las antiguas empleadas de la oficina de Ciudad de México recuerda la videollamada con la que Cabify les comunicaba esas medidas de emergencia. Al estallar la pandemia, ella había vuelto a Puebla, a casa de sus padres, y le pidió a la empresa si podía seguir teletrabajando desde allí porque no podía mantener su apartamento en la capital. Le dijeron que lo iban a meditar y al cabo de unos días la convocaron a una reunión en la sede. En el despacho la esperaba el director general para México, el responsable de Recursos Humanos, un abogado y un finiquito.

Las cifras se habían hundido tanto que Cabify incluso pidió un rescate al Estado, del que acabó desistiendo. Mientras se alargaba la crisis y los coches seguían sin apenas realizar trayectos, sus autorizaciones VTC perdían valor. Además, soportaban el peso de la deuda que habían contraído con los bancos. La puñalada final fue la de Auro, aquella flota que habían armado los creadores de Tuenti y presuntamente socios predilectos de Cabify, que aparecían en fotos de Instagram brindando con su fundador. Tras otra tanda de juicios, esta empresa sacó parte de sus coches de la plataforma española. Se rompió el contrato de exclusividad y los vehículos de Auro empezaron a trabajar para Uber y otro nuevo competidor, el unicornio estonio Bolt.[18]

Nos vemos en el juzgado

Antes de convertirse en un lugar de silencio bautizado en honor a uno de los grandes cronistas de la clase obrera en Cataluña, la biblioteca Paco Candel fue una fábrica. Durante cincuenta años, esa parcela de la Zona Franca, un barrio de polígonos industriales de Barcelona, la habían ocupado las bombillas de Lámparas Z. La planta cerró en 2005, cuando los propietarios, la multinacional holandesa Phillips, trasladó la producción a Polonia, porque allí los trabajadores eran mucho más baratos. La plantilla catalana convocó protestas para intentar evitarlo e incluso pidió a la Generalitat que saliera al rescate de la fábrica, pero fue en vano. Ganó la deslocalización que premiaba al territorio donde los costes fueran más bajos. Casi dos décadas más tarde, en el mismo espacio que ahora llenan los libros en vez de la maquinaria, se volvió a gestar otro conflicto laboral.

Jordi tiene mucha labia y negoció con la bibliotecaria que les cediera una sala para sus reuniones. Empezaron siendo un par, pero al poco tiempo fueron una treintena los conductores que suman fuerzas para denunciar a las plataformas y las empresas de flotas que operan gracias a ellas. Todos los documentos y demandas están muy bien organizados en su maletín de piel marrón. Jordi lo abre con decisión y enseguida esparce por la mesa la multitud de papeles que ya acumula entre las dos querellas que lo han mantenido tan ocupado en los últimos meses de su vida de jubilado.

En estos escritos, los chóferes hablan de la política de precios, que cambia de manera arbitraria, de las presiones constantes para incrementar la productividad y de las consignas para circular permanentemente por la ciudad como si fueran taxis (pero sin serlo). Tampoco se olvidan de las semanas de sesenta horas al volante ni de las jornadas de doce horas porque no hay otro modo de cumplir las exigencias de la flota.

Los conductores también describen la situación surrealista con la que se encontraron cuando empezaron a poner en común sus condiciones precarias. Se habían reunido en una sala en las instalaciones de la empresa. De repente el director irrumpió por la puerta visiblemente irritado y les ordenó que pararan de inmediato.

Cuando intentaron salir de la base donde aparcaban cada noche los coches, la puerta estaba cerrada con un candado. Siguió así durante dos horas, hasta que los conductores llamaron a los Mossos d'Esquadra, que acudieron a poner orden.*

La primera querella fue admitida a trámite y sentó a declarar —a través de videoconferencia— a directivos de Vector y Jobandtalent, la ETT digital y protagonista del siguiente capítulo. La mayoría optó por acogerse a su derecho a no declarar. En el momento de terminar este capítulo, el caso aún no tenía un final claro. Los denunciantes habían encargado un informe pericial a un despacho de abogados de Barcelona para demostrar los vínculos entre las distintas sociedades y Jordi aún confiaba en que sus reivindicaciones no acabarían archivadas definitivamente por la jueza.

La historia de los unicornios nunca se podrá explicar sin tener en cuenta la batalla judicial que, en muchos casos, acompaña su ascenso. Y esta se ha librado en la última década en dos planos. Por un lado, el que los ha enfrentado con los gobiernos que los han intentado frenar. Y por otro, el de las personas anónimas que, como Jordi y el resto de los denunciantes, han descubierto —muy a su pesar— cuánto cuesta contratar a un abogado para que defienda tus derechos laborales.

* El núcleo de los chóferes que se sumaron a estas demandas, y el mismo Jordi, trabajaban para una de las flotas en Barcelona de Vector Ronda, que actualmente es una filial de Cabify. La ETT digital Jobandtalent era quien los había contratado inicialmente.

3

JOBANDTALENT: LA FÁBRICA DE CONTRATOS

Un empleo temporal

—Lo que quiero decir es que estoy muy a gusto aquí. Los teatros, el clima, esta luz... Y sobre todo tú, mi diosa de Gades.

—Ay, Domicio, pues ¡que le den a Roma!

Y a Domicio, a los veinte segundos de empezar el corto promocional colgado en YouTube, lo parte un rayo que lo manda directo a la Cádiz actual.[1] Aparece en esa misma playa, pero ya no hay un galeón romano a sus espaldas esperando para descargar mercancías en el puerto. Cuando se da la vuelta, aún vistiendo un casco imperial y con la espada en la mano, lo que se encuentra son bloques de pisos con locales en los bajos y a un camarero a punto de servir una caña bien tirada en una terraza. Esta ciudad andaluza, que ya ha cambiado de nombre un par de veces desde el siglo I a. C. en el que nació Domicio, es el primer escenario de este capítulo sobre trabajos temporales encontrados en internet.

—Oye, ¿esto es Gades?

—Gades, Gadir, Cádiz, el paraíso... Llámalo como quieras.

Y, entonces, Domicio (el romano interpretado por el actor gaditano Manuel Tallafé) empieza a pasear. En los siguientes minutos de este vídeo promocional creado por el ayuntamiento para atraer visitantes a las calles de Cádiz aparecen todos los rincones y placeres que incluiría cualquier buena ruta para turistas. Se ensalza el encanto del callejón del Duende, el teatro romano, el monumento a las Cortes de 1812 o la puerta de Tierra, pero también los conos de pescadito frito aliñado con limón y las puestas de sol para admirar la playa de La Caleta tumbado en una hamaca.

Pero entre todos estos atractivos no aparece, claro, la otra cara de la moneda de esta parte de Andalucía. Nada de luchas sindicales, huelgas ni piquetes en las puertas de las fábricas; otro de los orgullos de una provincia que, cuando se publica esta campaña de promoción turística, es la segunda con más paro de España.[2] Prácticamente, uno de cada cuatro habitantes no tiene trabajo. Los empleos en el sector servicios —en el que tantos contratos tienen una fecha de caducidad fijada en el final del verano— son una mayoría aplastante, frente a una industria en deterioro con un peso cada vez menor.

Víctor es uno de los más de 140.000 nombres que hay detrás de esta estadística: ha firmado tres contratos temporales en cinco meses. Saluda por videollamada desde el comedor de su casa en Bornos, un pueblo de menos de 8.000 habitantes situado al norte de la provincia de Cádiz y muy cerca de un embalse con el mismo nombre. En este momento se ha vuelto a mudar con su padre durante un tiempo porque no puede pagar un alquiler él solo. Mientras habla de su vida laboral, de vez en cuando se balancea en la silla de escritorio, uno de esos modelos que usan los *streamers* para retransmitir sus partidas y charlas a las tantas de la madrugada. Ha montado un equipo de *e-sports* con otros fans de los videojuegos y hoy se encarga de llevar las redes de los Patriots, que compiten en la segunda división de la liga española de *Call of Duty*.

Este gaditano ha pasado muchas horas buscando trabajo en internet. Las plataformas para buscar empleo se las conoce todas: Infojobs, Job Today, Infoempleo, Indeed... En todas constan su nombre, su dirección y su currículum, y en varias de ellas ya acumula la experiencia de muchos contratos que nunca se convirtieron en indefinidos. Por la mañana, la bandeja de entrada del correo electrónico se le llena de ofertas de carretillero, repartidor en furgoneta, mozo de almacén o camarero para temporada de verano. La mayoría de esos mensajes terminan en la papelera porque el sueldo es muy bajo, los horarios son inviables o el tono que usa la empresa no le da confianza. En las pocas ofertas que pasan esos filtros le queda la esperanza de recibir como mínimo una llamada. Como vive en un pueblo del interior de Cádiz, donde casi no hay empleo, es prácticamente seguro que cuando lo encuentre tenga que desplazarse más de una hora en coche hasta Sevilla, Jerez de la Frontera o Algeciras.

Creó su perfil de candidato en Jobandtalent hace un

par de años. Funcionaba como cualquier otra agencia de trabajo temporal, aunque con el añadido de que todos los pasos hasta conseguir un puesto eran digitales. Incluso, al superar los distintos filtros del proceso de selección, le pedían contestar unas preguntas grabándose él mismo, como si se estuviera sacando una selfi con el móvil.

El primer trabajo le salió en el verano de 2021, en un festival de música que se celebraba en Chiclana de la Frontera. Para el evento, los organizadores habían montado un gran escenario rodeado de palmeras a pie de playa y un cartel de artistas que iban desde Sting y Marc Anthony hasta Raphael y Maluma. Las nuevas normativas pandémicas habían obligado a cambiar la pista de baile descontrolado por muchas filas de asientos asignados. Víctor se presentó el primer día con el polo del uniforme y, después de unas cuantas horas sirviendo copas como camarero en las mesas VIP, volvió a casa bastante satisfecho. No llegó a la segunda noche de conciertos porque le llamaron de la empresa antes de que se empezara a llenar el recinto: no había superado el período de prueba. Le pagaron los 65 euros que le correspondían por un día de trabajo. No hacía falta que volviera.

El segundo contrato con Jobandtalent le llegó unos meses más tarde. Era para hacer de repartidor en una subcontrata que entregaba paquetes para Amazon. Le ofrecían menos horas de las que buscaba, pero con la esperanza de que si las cosas iban bien se las aumentarían. Era mejor opción que seguir en casa sin ganar nada, así que lo aceptó. Otra vez la empresa le quedaba a una hora y media en coche de casa. Le iban a pagar unos novecientos euros al mes, de los cuales trescientos cincuenta se los gastaría en gasolina.

Pero, por si aparecía algo mejor, Víctor seguía con un ojo en las ofertas de empleo que le iban llegando. Después de tres días de repartir y empezar los cuatro siguientes de descanso, apareció otra empresa de logística que también buscaba mensajeros. Estaba más cerca de su pueblo y le garantizaban una jornada completa de lunes a viernes. Aunque no tenía quejas del trabajo que ya había encontrado, no podía rechazar la nueva proposición que tenía ante sus ojos. Un contrato de cuarenta horas semanales con un horizonte de estabilidad laboral era la mejor promesa que le podían hacer en ese momento.

Resultó que la ETT que hacía de intermediaria para esa segunda empresa también era Jobandtalent. De hecho, fue la misma aplicación quien lo alertó de que no podía tener dos contratos a la vez. Le tramitaron la baja voluntaria y a los pocos días estaba esperando delante de una hilera de furgonetas a las siete y media de la mañana para empezar una jornada de formación como repartidor al volante. Lo primero que le extrañó fue, precisamente, que los vehículos eran bastante más grandes de lo que le habían dicho. Pero lo que le hizo perder los nervios fue que al hablar con el responsable de la flota las condiciones eran muy distintas de las que le había prometido el portal. El sueldo era mil euros raspados, algo más del salario mínimo interprofesional en España por entonces. El horario que en teoría era de mañana pasó a alargarse hasta las ocho de la noche y como el turno era rotatorio le podía tocar trabajar en fin de semana. Víctor no terminó ese primer día de formación. Volvió a casa enfadado porque al final se había quedado sin dos trabajos. Uno por intentar optar a otro mejor y el segundo por negarse a aceptar unas condiciones que no eran las pactadas. Al constar como una baja voluntaria, esa situación le impedía seguir cobrando la ayuda pública que era por entonces su única fuente de ingresos.

Al cabo de unas semanas, desde Jobandtalent le mandaron otra oferta para trabajar en Huelva. No dudó ni un segundo. Eliminó el mensaje.

Todo queda entre amigos

La siguiente historia empieza otra vez en Andalucía, pero a 75 kilómetros de Bornos. El primer protagonista también es un hombre y tiene algunos años más que Víctor, pero sus vidas no pueden ser más diferentes.

El Colegio Alborán es, podríamos decir, un lugar privilegiado. Está situado entre urbanizaciones a las afueras de Marbella, en una gran finca con zonas de árboles, piscina, pistas de fútbol y de pádel. En esta escuela privada bilingüe también hay una granja y los estudiantes pueden escoger clases de hípica entre las actividades extraescolares. Si en los pasillos del centro hubiera una pared con fotos dedicadas a sus exalumnos ilustres, seguro que aparecería, bien colocada en un sitio de honor, la de Juan Urdiales, uno de los fundadores de Jobandtalent.

A juzgar por su acento, tal vez nadie diría que nació entre las casas blancas de Ronda y que se considera marbellí. Al oírlo hablar es más probable pensar que es de Madrid, adonde se mudó en 1999 para estudiar las carreras de Administración y Dirección de Empresas y de Derecho en la universidad privada Icade.

Juan aún no se había graduado cuando creó su primera empresa. Una de sus compañeras de clase diseñaba bolsos personalizados y los vendía por su cuenta entre los alumnos. Él pensó que podía ser un buen negocio y empezó a ayudarla a distribuirlos más allá de la facultad. Se les sumó otro estudiante y convirtieron la idea en un trabajo a tiempo parcial en su último año en la universidad. Así nació Pluscuamperfecta, una marca de moda bajo la premisa de que el cliente se convirtiera en diseñador de su propia ropa. Eran prendas muy básicas, pero se les podían añadir broches, lazos, estampados... Presentaron el proyecto al premio que convocaba el Club Empresarial de Icade, fundado por antiguos alumnos que se habían convertido en presidentes de empresas como Ford España, SOS o Isolux.

Ganaron el concurso y los premiaron con 30.000 euros para constituir la compañía y 15.000 más en forma de préstamo sin intereses. Con ese dinero abrieron una tienda en la calle Ayala, en el barrio de Salamanca de Madrid. Al principio les iba bien, e incluso pensaron que se convertiría en algo grande, pero no encontraron más inversores y las ventas empezaron a caer. Salvaron los muebles como pudieron vendiendo la empresa a los tres años de ponerla en marcha. Si cotilleas un poco por la aplicación de ropa de segunda mano Vinted aún se pueden encontrar algunas piezas de Pluscuamperfecta a precio de saldo. Juan dijo más tarde que de esa experiencia aprendió que no se acaba el mundo si te quedas sin nada. Cuando tienes una buena red de seguridad para evitar que la caída sea fatal, siempre lo puedes volver a intentar.

A su nuevo socio no lo conoció en clase, pero ambos habían pasado por colegios privados en los que los alumnos llevan uniforme mucho antes de que los dos terminaran tomándose un café moca blanco en un Starbucks y creando un negocio juntos.[3] Felipe Navío nació en Mallorca. Allí había estudiado en el Colegio San Cayetano de Palma, un centro católico privado y bilingüe en el barrio residencial de Son Espanyolet, con unas instalaciones que también incluyen piscinas, pistas de tenis —el tenista mallorquín Carlos Moyá es otro de sus exalumnos destacados— y un gran campo de fútbol. Igual que Juan, Felipe se mudó a Madrid para aprender en Icade cómo se monta una compañía de éxito.

Cuando terminó la carrera, tomó otro camino habitual entre los emprendedores precoces de buena familia: trabajar para una consultora multinacional en la que duró un par de años. Se estrenó en el mundo de las *startups* ayudando a poner en marcha la plataforma de compraventa entre particulares de entradas para eventos Ticketbis. Hasta que Tuenti lo fichó como consultor de estrategia y, una vez más, el intento de Facebook español sirvió de punto de encuentro para otros aspirantes a empresarios. Ahí Felipe conoció a Adeyemi Ajao. Este último, además de ser quien puso de su bolsillo los primeros miles de euros para lanzar Cabify, también era exalumno ilustre del Colegio Alborán de Marbella. Sí, igual que Juan.

A menudo, cuando dos hombres que no eran amigos se conocen y fundan una *startup*, después siempre repiten que lo que compartían era una «visión» común. En el caso de Jobandtalent, ambos querían «digitalizar y optimizar el mercado del empleo». Pero la primera versión de la aplicación tenía muy poco que ver con la que tal vez hayas consultado en algún momento de sequía laboral. Era una especie de red social para todo tipo de contenido relacionado con el empleo. Si querías entrar —por poner un ejemplo— en el Banco Santander, podías consultar qué personas de tu círculo ya estaban dentro de la entidad financiera y preguntarles cómo eran las condiciones económicas. Los usuarios recibían ofertas de trabajo o las recomendaban a sus amigos.

La primera sede de Jobandtalent la instalaron en Málaga, pero al poco se mudaron a Madrid porque les costaba encontrar programadores en la Costa del Sol. Además, el responsable técnico y buena parte del equipo de tecnología ya estaban en la capital. Trasladar la empresa lo hacía todo más sencillo a la hora de contratar.

El contexto es importante cuando tienes que hacer crecer un negocio. Juan y Felipe empezaban en 2009, un año en que España tenía una tasa de paro de más del 18 por ciento. Había más personas desesperadas por encontrar un trabajo que empresas dispuestas a ofrecerlo. No era un buen momento para compartir noticias laborales y el Facebook del empleo no cuajó. Pero detectaron otro problema que habían sufrido en sus propias carnes: faltaba personal técnico. Ya existían portales de empleo para los que estaban en paro, pero ellos crearían uno para los que tenían la suerte y el privilegio —en plena crisis y con el desempleo en niveles récord— de cambiar de trabajo por una oferta mejor.

Aunque ahora raramente se le menciona, en sus inicios Jobandtalent tuvo un tercer fundador. El bilbaíno Tabi Vicuña venía de estudiar un máster en la Universidad Stanford y se sumó al proyecto como director de producto. Se fue tres años después y terminó montando un portal de empleo en Angola, sin que haya una versión unánime del porqué de su salida de la compañía. La oficial, la de Jobandtalent, es que se hizo evidente que «su visión empresarial» no estaba alineada con la de los demás fundadores, algo que consideran habitual en los primeros años de una *startup*. De hecho, remarcan que fue un proceso difícil, porque todos habían puesto de su parte para que la empresa fuera un éxito, pero que la mejor decisión fue separar sus caminos.

Jobandtalent empezó a funcionar llamando a muchas puertas de multinacionales, bancos y consultorías. Deloitte, PricewaterhouseCoopers, Indra, Accenture, Morgan Stanley, Credit Suisse... Les prometían trabajadores recién graduados y listos para entrar en la rueda de hámster laboral de las grandes corporaciones. A los candidatos que se apuntaban a la plataforma, las ofertas les llegaban a su correo electrónico. En teoría, solo aquellas que encajaban con sus perfiles. La idea era ir sofisticando ese sistema, por lo que se dedicaron a desarrollar un algoritmo para encontrar el *match* perfecto entre el empleado y la empresa, como si se tratara de un Tinder del empleo.

Las primeras oficinas de Jobandtalent en Madrid estaban en la plaza de Felipe II, junto al Palacio de los Deportes. Concretamente, en el salón del piso compartido de Juan, donde los dos cofundadores trabajaron hasta levantar la primera ronda de capital. Cuando empezaron a contratar más y se mudaron, la sede también se llenó de antiguos alumnos de Icade. Varios extrabajadores bromean con una cierta inclinación por contratar a graduados de la misma universidad privada a la que habían ido los fundadores. Un antiguo becario se sorprendió de compartir escritorio con tantas personas con apellido compuesto en su DNI.

Jobandtalent solo tenía tres años de vida cuando otro de los cofundadores de Tuenti se cruzó en su camino. Tras vender su red social a Telefónica, Félix Ruiz se había dedicado a viajar por el mundo durante un par de años. Se había convertido en millonario a los veintiséis, podía tomarse la vida con un poco más de calma. A la vuelta de ese sabático, le contaron que Juan, con quien también había coincidido en los pupitres del Colegio Alborán de Marbella, estaba montando una empresa.[4]

Félix quería aprender de ellos y se dedicó a ir todos los días a la oficina para entender cómo gestionaban sus campañas. Hasta que al final le propusieron invertir en la compañía tras llegar a un acuerdo por un porcentaje del pastel.* Por entonces aún no se había convertido en

* En 2013, Félix Ruiz se convirtió en accionista de la plataforma de empleo, justo cuando entraba en el accionariado la primera firma de capital riesgo que confió en el proyecto, Kibo Ventures.

uno de los empresarios que controlan el negocio de los VTC en España, ni había invertido en Glovo para sacar un beneficio más que interesante, ni se había casado por todo lo alto en una boda de ensueño en Galicia con concierto de Taburete y Juan Magán incluidos.[5]

La influencia de Tuenti en Jobandtalent no se acaba aquí. La empresa también contaba con el dinero de Hugo Arévalo, otro de sus primeros inversores. Este madrileño ha tenido el ojo —o la suerte— de comprar acciones en los primeros años de tres *startups* que ahora son unicornios (y protagonistas de este libro): Glovo, Cabify y Jobandtalent. Además, ha sido presidente de Hawkers, la marca de gafas de sol *low cost* nacida en Elche que se puso de moda durante un tiempo en las redes y sobrevivió a algunos baches gracias al apoyo económico del empresario venezolano Alejandro Betancourt.

Pero la cara de Arévalo tal vez te resulte más familiar por otros motivos. Por ejemplo, por una campaña de marketing que inundó internet hasta la saciedad cuando estábamos confinados en casa durante los primeros meses de la pandemia. Hugo es uno de los fundadores de The Power Business School, una escuela de negocios que asegura haber democratizado el acceso a una educación a la que solo tenían acceso las élites y que aprovechó el covid para incrustar sus anuncios en todas partes. En esa publicación aparecía con sus tres socios, también hombres rondando los cuarenta, que vestían vaqueros y una sudadera con el nombre de la empresa. A finales de 2022 también se convirtió brevemente en nuevo interés romántico de la marquesa de

Griñón y protagonista de *reality shows* Tamara Falcó, entre la sonada ruptura y posterior reconciliación de la *socialité* con su prometido, Íñigo Onieva.

Pero, volviendo a Jobandtalent, cuentan que Félix Ruiz fue clave para que a partir de entonces empezaran a llegar a la compañía los millones de euros de algunas grandes fortunas españolas. Por ejemplo, los de la Fundación José Manuel Entrecanales, con la que invierte el presidente y consejero delegado del grupo Acciona. La revista *Forbes* le estima a este empresario madrileño un patrimonio de 450 millones de euros. En esos inicios, también los ayudó mucho el dinero de Pelayo Cortina Koplowitz, a quien delata su segundo apellido. Es el hijo pequeño de otra ilustre millonaria española, Alicia Koplowitz, y del empresario constructor y nieto del primer alcalde franquista de Madrid, Alberto Cortina. Desde 2007, Pelayo también ostenta el título de conde de San Fernando de Peñalver y se ha dedicado a pasear por puestos directivos en bancos de inversión y fondos internacionales.*

La palabra más apropiada para describir el ambiente de sus oficinas en esa época es *euforia*. Se contrató muchísimo —la plantilla creció de unos treinta empleados a doscientos en solo cuatro años— y con sueldos más bien por encima del mercado, sobre todo entre los ingenieros. Jobandtalent se convirtió un poco, como

* Estos inversores participaron en una ronda de diez millones de euros en 2014, a los que se sumó otra de 23 cuando no había pasado ni un año. En 2015, Jobandtalent facturaba 2,5 millones de euros a la vez que perdía ocho, según consta en las cuentas anuales presentadas en el Registro Mercantil.

le había pasado antes a Tuenti, en la empresa de moda para quien quería trabajar en el sector tecnológico en Madrid.

Un extrabajador que formó parte de ese equipo recuerda cómo le alucinaba, a sus veintipocos, trabajar en una *startup* que los viernes pagaba las cervezas para que la plantilla se divirtiera después del trabajo. Las fiestas de Jobandtalent se empezaron a hacer famosas, incluso entre las otras tecnológicas. Uno de los desarrolladores que trabajaron para la compañía en esa época las describe como «exóticas», mientras que otro confiesa que eran «muy lujuriosas y se desmadraban fácilmente». Para algunas de esas celebraciones épicas se alquilaron discotecas enteras o casas privadas a las afueras de Madrid. La empresa contrataba autobuses para trasladar las primeras copas en la oficina hasta el destino que fuera.

Ese chute de dopamina y millones culminó con la primera gran inyección de dinero internacional. El fondo Atomico —creado por el fundador de Skype, el sueco Niklas Zennström— lideró en junio de 2016 una ronda de 38 millones de euros.* Con todo ese dinero se iba a reforzar el equipo directivo, a contratar más ingenieros y a continuar desarrollando la aplicación. Juan insistía en que la empresa estaba «en constante evolu-

* La ronda de Atomico era la sexta en siete años. En total, Jobandtalent ya había conseguido unos 86 millones de capital riesgo desde su fundación. En la operación también participaron el fondo con sede en Nueva York FJ Labs (inversores en el grupo chino de comercio electrónico Alibaba o la plataforma francesa para compartir trayectos en coche Blablacar), Adeyemi Ajao y Steve Goodman, fundador del portal de empleo Bright.com, que acabó siendo comprado por LinkedIn.

ción» y en que tenían un plan a seis meses vista para implementar una mejora cada treinta días.[6]

Algunos de los trabajadores que hablan sobre su paso por Jobandtalent de manera anónima destacan algo más problemático de esos años de euforia. Dos antiguos empleados recuerdan el mismo comentario en una reunión informal por parte de un directivo de la *startup*. Comparó la ronda de financiación con Atomico con conseguir que una chica subiera al taxi después de una fiesta para llevársela a casa.

Otra antigua empleada no puede olvidar el día en que un superior le dijo a una compañera que tenía un «buen culo» y «unas manos increíbles para hacer pajas». También tuvo que aguantar comentarios sobre su físico que la hacían sentir incómoda en la oficina o durante el viaje de trabajo en que uno de sus jefes le comentó con total naturalidad que «las colombianas están buenísimas». El ambiente le pareció «totalmente tóxico», algo parecido a entrar en un vestuario de hombres cargado de testosterona tras un partido de fútbol.

Al preguntarle a Jobandtalent a través de un cuestionario sobre las vivencias de estos testimonios, la empresa asegura que no tiene constancia de ellos y que en ningún momento se han reportado problemas de esta naturaleza. De hecho, defienden que su máxima prioridad es que todos los empleados se sientan seguros y valorados en el trabajo, y que no toleran ningún tipo de conducta discriminatoria. Por ello, también explican que la compañía cuenta con protocolos con los que cualquier trabajador puede denunciar un trato discriminatorio por razón de sexo o etnia. Por ejemplo, un buzón para escribir de forma anónima a Recursos Humanos sobre posibles problemas internos. Aseguran que se da «*feedback* 360°» de forma continua y que hay una «ambiciosa política de igualdad de género» para garantizar la paridad salarial y de ascenso, «un valor fundamental» de la empresa.

Cuando los grandes fondos entran en una *startup*, casi siempre lo hacen con su propia hoja de ruta. Y la de Atomico dejaba bien claro que Jobandtalent tenía que empezar a ganar dinero. La firma entró en la compañía con la intención de meter la tijera y conseguir que la plataforma de empleo se dirigiera por fin hacia los beneficios.

Entonces empezaron los despidos. Hacía meses que la dirección hablaba de dar un giro al negocio. Quería dejar de ser un portal web para encontrar empleo. Jobandtalent había pivotado para convertirse en una empresa de trabajo temporal (ETT), pero en versión digital. La mayoría de las ofertas que se encontraban en su web ya eran para puestos en la hostelería o la logística. Había dejado de ser un simple intermediario. Ahora la *startup* gestionaba todas las partes del ciclo de un empleo con fecha de caducidad: conseguir el trabajo, pagar la nómina, informar de los horarios, tramitar los despidos... El modelo de negocio era cobrar una comisión a las empresas por cada persona que contrataban gracias a la plataforma.

En la oficina se notaba ese ambiente raro que se respira cuando está a punto de pasar algo malo, pero nadie sabe muy bien qué. En las salas acristaladas de tipo pecera, los trabajadores de Jobandtalent observaban muchas reuniones entre los fundadores y parte de la cúpula. Había expresiones tensas, caras largas. La respuesta a todo ese malestar llegó en forma de correo electrónico al buzón de todos los empleados de la compañía. Convocaban a la plantilla para darle un mensaje en el comedor de la empresa. A los que estaban en las sedes de otras partes de España o del mundo los conectaron por videollamada.

En ese momento ya se les había comunicado a algunos trabajadores que, tristemente, no podían contar con ellos. En resumidas cuentas, que estaban despedidos. Les dijeron que habían bajado el rendimiento o que su perfil no encajaba y se pactaron indemnizaciones.

Juan y Felipe anunciaron en esa reunión —hay quien los recuerda visiblemente emocionados y soltando alguna lágrima, pero otros testigos le quitan épica a ese momento— que la empresa iba a tener que prescindir de más gente. En el departamento de ingeniería echaron prácticamente a la mitad del equipo. (Todos los que han compartido muchos años después su recuerdo de aquellos días de despidos forzosos hablan desde el anonimato y sus nombres han sido cambiados para proteger su identidad.) Pablo lo vivió con bastante indignación. El recorte de cabezas llegaba al poco de haber recibido la supuesta mayor ronda de inversión para una *startup* en España y los dejó descolocados. Si la caída hubiera sido progresiva, no les habría pillado tan de sorpresa. Así que achaca la decisión a una mala previsión de negocio y opina que se desmantelaron algunos departamentos «para mantener los puestos de los que mandaban». Uno de los despedidos venía de trabajar para Twitter en Londres y lo habían fichado hacía solo veinte días.

Para Carla no fue tan traumático. Con el tiempo se ha alegrado cada vez más de haber pasado por Jobandtalent, porque para ella fue un trampolín laboral. En cuanto la echaron, pudo escoger dónde trabajar de entre todas las empresas que estaban al acecho para contratar a los despedidos. Solo tiene buenas palabras para una compañía que se ha convertido en su carta de presentación de cara a futuros trabajos.

Carlos se queda con el sentimiento de resignación. No le gustó que lo despidieran, pero admite que ya sabía cómo funcionaba la burbuja *startup* cuando lo contrataron. La empresa siempre depende de tener contentos a los inversores y pocas compañías están preparadas para ser solventes cuando empiezan. Visto con perspectiva, considera que son «cosas que pasan». En menos de veinticuatro horas había encontrado un nuevo trabajo.

Justo esa semana un colaborador, con quien Jobandtalent había trabajado en algunos proyectos, les pidió prestadas las oficinas de Barcelona para celebrar una reunión. Era una planta alta en un edificio de paredes acristaladas y vistas al mar del distrito 22@ que también habían compartido con Cabify cuando la aplicación de transporte madrileña llegó a la ciudad catalana. Al salir del ascensor, los invitados se encontraron con un espacio prácticamente desierto y un único programador que les pudo responder a la pregunta de dónde estaba todo el mundo: «Nada, que los han despedido».

Desde Jobandtalent confirman que 2016 fue un punto de inflexión para la empresa. Pero aseguran que el impacto en la plantilla no fue tan grande. Empezaron el año con doscientos empleados, que se convirtieron en doscientos setenta personas en agosto, y terminaron siendo doscientos otra vez en diciembre, después de los despidos. Defienden que fue una consecuencia del cambio en el modelo de negocio y añaden un dato con enlace a un estudio universitario: casi la mitad de las *startups* no llegan a los cuatro años de vida.

De trabajo en trabajo

«Trabaja y consigue estabilidad con Jobandtalent.» «Jobandtalent te proporciona trabajo constante en grandes empresas para que disfrutes de estabilidad laboral.» «Genera ingresos de forma estable trabajando en empresas de prestigio que nos solicitan profesionales con tus habilidades y experiencia.» «Con Jobandtalent recibirás nuevas propuestas para trabajar cada vez que finalices un contrato.»

En la página web de Jobandtalent la palabra *estabilidad* es una de las que más se repite. Es omnipresente. Aparece bien grande en el eslogan que te da la bienvenida al portal solo con el primer *scroll*. También en el subtítulo y otra vez en el primero de los puntos con los que la empresa define sus valores clave.

Todo es prometedor y se presenta como fácil: crearse un perfil en Jobandtalent es cuestión de minutos. Cuando abres la web, una pestaña gigante te invita a escribir tu teléfono móvil y empezar el proceso para entregarle a la aplicación las llaves de tu futuro trabajo. Un segundo después, recibes un SMS para descargarla y un carrusel de mensajes te avisa de que en ella encontrarás «seguridad laboral». Ellos se encargan del papeleo, de pagarte la nómina, y cuando se acabe un contrato siempre te esperará otro.

En el perfil aparecen todos los apartados habituales de un currículum —una pequeña descripción, experiencia, educación, idiomas, habilidades— y justo debajo de tu nombre también se incluye un contador de opiniones. La empresa que te contrata también te puede valorar como trabajador con una puntuación de cero a cinco estrellas. Este sistema se ha convertido en algo habitual en la llamada economía digital, en la que a menudo encontrar trabajo y generar ingresos también depende de la reputación que otros te asignan para siempre en una plataforma virtual, sea Glovo, Cabify o TripAdvisor.

Tal y como promete Jobandtalent, con su aplicación empiezas a recibir ofertas para trabajar al instante. Algunos de estos empleos tal vez sean en las empresas que destacan con un logo en su portal: la cadena de tiendas de deporte francesa Decathlon, el Banco Santander, el grupo británico de supermercados en línea Ocado o la empresa norteamericana de transporte de mercancías XPO Logistics. Pero quizá se trate de un contrato de una semana en una de las subcontratas de Amazon, UberEats o JustEat, que buscan mozos de almacén, repartidores y carretilleros para compensar la alta rotación en sus plantillas.

Pese a que nos parece algo natural en un mercado de trabajo tan castigado por la temporalidad, las ETT aún son jóvenes en España. No hace ni treinta años que se legalizaron. Les dio la luz verde el gobierno del presidente socialista Felipe González con la reforma laboral de 1994, la misma que terminó en una huelga general convocada por los sindicatos. La primera agencia de empleo temporal que desembarcó en nuestro país la había fundado un suizo. El empresario Henri-Ferdinand Lavanchy creó Adia en el Zúrich de los años cincuenta para externalizar la contratación de secretarias, mecanógrafas y contables de otras compañías, que no querían asumir esa burocracia. De la fusión con el grupo francés Ecco a mediados de los noventa nació Adecco, un nombre que seguro que te suena mucho más.

Las ETT llegaron para establecer un nuevo tipo de relación entre trabajador y empresa, en otra de esas invenciones que nos regala el capitalismo cada cierto tiempo. Estas agencias contratan a un empleado para luego cederlo a otro negocio que busca mano de obra. El sector se ha vendido como una herramienta de flexibilidad para que las corporaciones tengan al alcance de la mano un parche siempre disponible para reforzar sus plantillas.

Aun así, también se le ha criticado que fomenten la temporalidad de los contratos, sobre todo entre los jóvenes, para quienes durante un tiempo estas agencias se convirtieron en la única puerta de entrada al mercado laboral. Para algunos de sus detractores, su utilidad no es solo económica sino «disciplinaria». Como explica el profesor del departamento de Sociología de la Universidad de Córdoba José Antonio Cerrillo Vidal, los trabajadores de ETT no tienen la misma fuerza para negociar que si los contratara directamente la empresa, ni se pueden sindicar.[7] La ETT los convierte en el eslabón más débil de la plantilla cuando toca protestar.*

¿Qué diferencia a Jobandtalent de una ETT tradicional? ¿Estas plataformas de empleo temporal contribuyen a crear oportunidades laborales nuevas y emocionantes o a precarizar aún más el mercado de trabajo? En el segundo caso, ¿cómo lo consiguen? ¿Sus empleados están más indefensos? El caso de esta ETT digital es complejo, pero sus creadores no ven ninguna fisura en su plan. Al pie de su página principal, Jobandtalent se erige, nada más y nada menos, como «el futuro del mercado de empleo».

A José Manuel la pandemia lo pilló trabajando en los almacenes de una empresa de Valladolid que fabricaba piezas para coches Renault. Empezó contratado por otra ETT, pero la compañía cambió de proveedor y la subcontratación quedó en manos de Jobandtalent. Las condiciones eran las mismas, solo cambiaba el interlocutor. Eso y que a partir de aquel momento todas las gestiones pasaban por una aplicación. Incluso el parte con el que se organizaban los horarios, que ya no era de papel.

Él siempre ha ido a trabajar pensando en algo que le dijo su padre de pequeño: «Nadie es más que nadie,

* En diciembre de 2022 había 267 ETT inscritas en el registro del Ministerio de Trabajo español. Aun así, el mayor volumen de actividad se concentra entre los grandes del sector: Adecco, Manpower, Randstad y, cada vez más cerca de sus cuotas de mercado, Jobandtalent. Estas agencias realizaron más de cuatro millones de contratos en 2021, un 20 por ciento más que el año anterior, según los datos oficiales. Los firmaron un total de 776.757 trabajadores, de manera que, si hacemos el cálculo, salen a más de cinco contratos por persona en un solo año.

hijo». Pero la crisis y la temporalidad enquistada en el mercado laboral español lo han hecho pasar por más empresas de las que le gustaría. Y no es solo eso, bromea. En algunas de ellas lo han despedido antes de que se terminara su contrato y después de etiquetarlo como el «agitador» de la plantilla. No se avergüenza de haber sido más de una vez el empleado que se queja y pelea cuando considera que se están vulnerando sus derechos.

También lo hizo como trabajador subcontratado por Jobandtalent. El primer día con su nuevo contrato, reclamando la inexistencia de unas botas de seguridad que le protegieran los pies de un golpe tonto cargando cajas en el almacén. Más adelante, recriminando que la ETT quisiera retrasar el pago de la nómina hasta el día 15 de cada mes, pese a que los recibos de las facturas llegaban puntualmente el 1. Se enfadó aún más cuando le pidieron trabajar los domingos porque Renault había aumentado la producción. Respondió con un no rotundo a hacer más de cuarenta horas semanales. Cuando la fábrica de coches bajó el ritmo por el parón en la cadena de suministros, fue el primer contratado por Jobandtalent al que despidieron.

Guillermo sí que se apuntó voluntariamente en la plataforma. Había terminado sus estudios en Electricidad y Electrónica de Automoción y empezaba a buscar trabajo. Entonces a muchas ciudades acababa de llegar el *boom* de los patinetes eléctricos, que podías alquilar por minutos para luego aparcarlos con más o menos gracia en algún rincón de la vía pública. En Zaragoza, su ciudad, buscaban un mecánico para reparar estos vehículos y se apuntó a la oferta. Las condiciones eran muy buenas. Horario de mañanas de lunes a viernes con un salario dentro de lo normal para ser un empleo de ETT.

Al día siguiente firmaba el contrato a través de la aplicación. Era sábado y se suponía que empezaría el lunes a las ocho de la mañana, pero el domingo lo llamaron para que fuera esa misma noche porque habían fallado dos compañeros. Aceptó porque no le suponía ningún problema y porque pensó que siempre queda bien empezar con un favor el primer día en un trabajo nuevo. Después de una jornada nocturna de fijar ruedas y comprobar baterías de patinetes, llegó a casa, desayunó y se echó a dormir. A media mañana lo despertó una llamada. Desde la ETT estaban preocupados porque no se había presentado a trabajar. La empresa había dado por hecho que iba a doblar turno y a presentarse de nuevo en el taller a la mañana siguiente. Guillermo se explicó y lo resolvieron. No pasaba nada, solo tenía que fijarse en la plataforma para comprobar los horarios. Pero fue precisamente al abrir la aplicación cuando empezó a recelar de lo que le había prometido Jobandtalent.

Se encontró con que le tocaba trabajar en fin de semana y que estaría en el turno de noche a la semana siguiente. Por aquel entonces, admite, aún tenía un poco de fe en el mundo laboral y pensó que se habían equivocado al introducir los datos. Llamó a su superior para aclararlo y se quedó de piedra cuando este le dijo que ellos trabajaban así, que no había otra que aceptar esas condiciones. La respuesta de Jobandtalent fue la misma. Le aseguraron que eso era lo que había aceptado. De pronto, en vez un horario de mañana y de lunes a sábado, en su perfil se hablaba de turnos rotativos de lunes a domingo.

Dejó de trabajar allí, pero con el tiempo hay un detalle de esa experiencia laboral que aún le hace gracia. A los pocos días volvieron a llamarlo de Jobandtalent. Le ofrecían el mismo empleo que acababa de dejar. Esa vez la persona que hablaba al otro lado del teléfono le planteaba unas condiciones que no solo eran distintas a las del primer anuncio en el que se apuntó, tampoco eran las que se había encontrado al poner un pie por primera vez en el taller de patinetes.

Estas son solo dos historias de los millones de contratos que han pasado por las manos de Jobandtalent en más de una década de hacer negocio con el empleo temporal. En muchos otros que no aparecen en este libro seguramente no hubo problemas con los horarios, retrasos en los pagos de las nóminas ni quejas por usar una aplicación para resolver cualquier gestión. La empresa asegura que hasta el momento nunca ha recibido ninguna denuncia por estos motivos. Hace hincapié en que su proceso de contratación es tremendamente transparente y que sus trabajadores reciben una copia del contrato por correo electrónico inmediatamente después de firmarlo. Este también queda registrado en el mismo perfil de la aplicación, con lo que sería muy sencillo demostrar una hipotética modificación.

Jobandtalent se convirtió en un nuevo unicornio en un país con un mercado de trabajo a menudo precario e inseguro. Y cómo alcanzó este estatus de animal mitológico también tiene mucho que ver con otras grandes empresas del capitalismo de plataformas del siglo XXI.

Después de la tormenta

Habíamos dejado la historia de Jobandtalent después de que la empresa despidiera a una tercera parte de su plantilla. En 2017, su primer año completo como ETT digital, el negocio fundado por aquel andaluz sin acento y su socio mallorquín facturaba cerca de cincuenta millones de euros. Después de tanto recorte de gastos y personal, las pérdidas se habían reducido a nueve millones.*

Tras tantos cambios, Jobandtalent necesitó una etapa de transición y calma. Fernando (nombre falso) admite que el ambiente se había enrarecido. Su equipo se redujo de una docena de personas a solo cuatro trabajadores. Tuvieron que retomar los proyectos de compañeros que no estaban y la sensación general ya no era el buen rollo de los viernes de pizza y los *gin-tonics* en bares del barrio de Salamanca. La noticia de los recortes de personal se había propagado por los medios de comunicación y la mala prensa tampoco gustó nada en la empresa. Intentaron ser más transparentes y, por ejemplo, explicaron con más detalle cómo funcionaba

* La entrada de Atomico supuso otro cambio para Jobandtalent, porque la empresa trasladó su estructura legal accionarial de Madrid a Londres, a petición del fondo de inversión. A partir de entonces, presentó las cuentas del grupo en territorio británico, aunque las oficinas principales y la mayor parte de los empleados siguen estando en España.

su algoritmo en un artículo del medio digital *Hipertextual* para contrarrestar las acusaciones de un antiguo trabajador sobre lo pobre que era su tecnología.[8]

Pero la historia no se acababa aquí. Los fondos les recordaban que estaban en un océano azul, un concepto que se usa en el argot *startupero* para hablar de mercados que aún están por explotar. Jobandtalent seguía creciendo fuera y dentro de España, pero sobre todo a través de la adquisición de empresas en países extranjeros. Aunque estos procesos de integración eran complejos y no siempre estuvieron libres de problemas.

¿Qué pasa cuando a una empresa tradicional la compra una *startup*? ¿Se pueden entender dos mundos a priori tan distintos? DPL era una agencia de trabajo temporal de las de toda la vida. Empezó como un negocio pequeño en Barcelona y fue creciendo poco a poco. Había sobrevivido a la crisis de 2008 y a las tasas de paro disparadas en España. Desde entonces se había aferrado a una filosofía de mantener los costes bajos para seguir a flote pese a sus recursos limitados. No era un negocio basado en la tecnología, aunque se había aventurado a crear una aplicación bastante sencilla: una plataforma que avisaba a los candidatos de que había una vacante para trabajar ese mismo día en el Puerto de Barcelona.

Para su entonces directora general, Laura Gascón, el desembarco de Jobandtalent en la empresa fue un choque cultural con todas las letras. Tenían maneras de funcionar radicalmente opuestas. Sus nuevos dueños estaban construyendo un imperio del trabajo temporal gracias al dinero de sus inversores, que les regalaban tiempo para seguir creciendo pese a las pérdidas. En ese momento DPL tenía una cuenta de resultados limpia y ninguna incidencia judicial en su historial. Todo estaba en orden, según la directiva.*

Jobandtalent trabajaba con márgenes mucho más bajos y en algunas cuentas incluso iban a pérdidas. Laura tampoco entendía que fuera habitual pagar las nóminas más tarde del día 10 de cada mes a los empleados contratados por la ETT y que nadie se alarmara demasiado. Lo que más preocupaba a sus nuevos propietarios era la cuota de mercado que conseguían comprando compañías más pequeñas.

Al poco de formar parte de Jobandtalent, algunos de los principales clientes de DPL dejaron de trabajar con ellos y buena parte de la plantilla se marchó. A Laura la hicieron directora de integración, pero sintió que no encajaba en la cultura y los valores de la *startup* y también abandonó el proyecto. No lo critica, simplemente piensa que Jobandtalent no era para ella. De hecho, dejó el mundo de las ETT y ahora dirige una consultora de organización empresarial.

En su respuesta oficial sobre este tema, Jobandtalent admite que se equivocaron en las primeras empresas que compraron. Aquellas operaciones no salieron como es-

* La misma Laura Gascón contó los detalles de la integración en Jobandtalent en un artículo de la periodista Analía Plaza para *elDiario.es* y en el podcast *Life On Mars*, de Àlex Rodríguez Bacardit, fundador de la consultora MarsBased. Antes de la venta, DPL contaba con una veintena de empleados en plantilla y la empresa facturaba unos 12 millones de euros al año, con algo de beneficio para repartir dividendos entre los accionistas.

peraban e incluso llegaron a perder clientes. Con el paso del tiempo, aseguran que han aprendido a integrar mejor las nuevas adquisiciones y que la gran mayoría de las más recientes se pueden considerar exitosas.

2021 fue un año de récords y desmesura en la financiación de *startups* en España y Jobandtalent es uno de los mejores ejemplos de la avalancha de dinero procedente de fondos de capital riesgo que llegó justo después de la pandemia mundial. En ese momento todos pensaban que el fervor por lo tecnológico iba a seguir creciendo. En menos de doce meses la empresa de Juan y Felipe consiguió cerca de 700 millones de euros de sus inversores y Jobandtalent se convirtió en el siguiente unicornio español en sumarse a la lista, con una valoración de más de 2.000 millones.*

Se busca mozo de almacén

¿Qué había pasado? ¿Cómo generó todo ese furor una ETT digital? Esta historia de miles de millones de euros no se explica del todo sin nombres como Amazon, Glovo, JustEat, UberEats o Cabify. Como agencia de trabajos temporales, Jobandtalent ha crecido al calor de esta nueva economía de plataformas y sus contratos con fecha de caducidad. La *startup* ha servido para dar alas a la subcontratación de los repartidores que entre-

* En 2021, Jobandtalent consiguió cerrar dos rondas de financiación en las que entraron nuevos inversores, como Softbank, el conglomerado del billonario japonés Masayoshi Son, o la gestora sueca Kinnevik.

gan paquetes para el gigante del comercio electrónico, los *riders* que cruzan calles a toda pastilla cargados con comida rápida y los conductores con jornadas de doce horas a cambio de salarios mileuristas.

Durante unos meses de 2017, Mónica (es un nombre falso) fue una de las personas que se encargaban de conseguir centenares de conductores para las flotas de Cabify. Entró en Jobandtalent como becaria en la oficina de Barcelona, donde su misión era gestionar con otra compañera las dinámicas de grupo por las que iban desfilando a lo largo del día una infinidad de candidatos a chófer. El único filtro era que tuvieran el carnet de conducir en orden y que no constaran antecedentes penales en su historial. La mayoría eran hombres, extranjeros y sin muchas más alternativas a las jornadas de doce horas que Mónica les presentaba en un Power Point. Las condiciones eran las que ya conocemos: salarios de unos 1.100 euros, seis días de trabajo a la semana y turnos que se podían alargar hasta la madrugada.

A los pocos días de empezar, algunos de los conductores la llamaban enfadados, lanzando insultos o en medio de un ataque de ansiedad. Le decían que no pensaban volver. Mónica se mordía la lengua para no contestarles lo que pensaba para sus adentros: «Lo entiendo perfectamente, lo que os estamos vendiendo es absolutamente precario». Ante esas reacciones, se sentía vulnerable e impotente a partes iguales. Ni recuerda la cantidad de contratos que llegaron a firmar en unas pocas semanas. Su jornada raramente terminaba a las siete de la tarde, como debería haber sido, por el volumen de trabajo tan grande que había. El estrés y la presión que vivía cada día en esa oficina moderna con salas para echarse la siesta fueron determinantes para que un día le comunicara formalmente a su jefa que se iba. Pero sobre todo tomó la decisión después de responder ella misma a una pregunta: «¿De verdad quieres dedicarte a ofrecer contratos para una empresa que funciona de esta manera?».

La relación de Jobandtalent con las plataformas de la nueva economía digital también ha llevado a la compañía a los tribunales y Cabify es el caso más evidente. Los conductores que han demandado a la aplicación de transporte por las condiciones laborales precarias también han incluido en algunas de sus querellas a la ETT, que gestionaba los contratos justo al entrar en las flotas.*

Àlex consiguió que lo llamaran a los dos días de apuntarse a una oferta en Jobandtalent. Buscaban mensajeros en Valencia para JustEat, la empresa pionera de la comida a domicilio que fundaron cinco daneses a principios de los 2000. El proceso de selección a través de la aplicación fue casi instantáneo y totalmente virtual. Quería el trabajo para combinarlo con las clases en la universidad, así que los 8,20 euros brutos la hora por hacer de repartidor le parecieron bien. El contrato era de lunes a domingo, pero solo dieciséis horas a la semana, aunque terminaba haciendo algunas más para cubrir los picos de demanda cuando fallaba un compañero. Se pasaba el día yendo de clase a trabajar con la moto, y viceversa.

* En Cataluña, la Inspección de Trabajo multó a Cabify en marzo de 2021 con cerca de 431.000 euros por cesión de trabajadores, precisamente por usar Jobandtalent para fichar personal a través de dos subcontratas. A la empresa fundada por Juan Urdiales y Felipe Navío también le impuso una sanción de 60.000 euros.

A diferencia de los *riders* de Glovo, Deliveroo o UberEats que se cruzaba por la ciudad, Àlex tenía un contrato (temporal) y la empresa asumió los gastos del vehículo y el móvil con el que recibía los pedidos. Pero algunas de las escenas que cuenta podrían haberle sucedido a un repartidor de cualquiera de esas plataformas. La presión de estar en marcha constante para llegar a las entregas era idéntica. También el peso de la mochila a la espalda. Y el dolor que se llevaba a casa con él cada noche.

Recuerda que las noches de tormenta el consejo de los jefes de flota era «ve despacio». Con el suelo mojado y rodeado de coches, el miedo que sentía era el mismo que el de aquellos a quienes el Tribunal Supremo confirmó como falsos autónomos. Tener derecho a pedir la baja en caso de sufrir un accidente tampoco lo tranquilizaba mucho después de ver cómo algunos compañeros iban a repartir cojeando por temor a ser despedidos. Por toda esa lista de quebraderos de cabeza, Àlex se hizo delegado sindical de la CNT. Y, aunque intentó sumar a otros compañeros a la negociación con la empresa para aplicar mejoras, consiguieron muchas más negativas que victorias.

Los fundadores de Jobandtalent siguen teniendo grandes ambiciones y continúan haciendo que su negocio crezca gracias a nuevos empleos como el que Àlex encontró en su portal. Ya sea desembarcar en Estados Unidos, como han intentado en los últimos años, o cotizar en bolsa, como hace tiempo que sugieren. Aun así, cuando les pregunté por sus planes de futuro, me hablaron de sus cifras actuales: aseguran que hoy son más de 2.000 trabajadores, ingresan más de mil millones de euros y son rentables en todos los países en los que están presentes.* De hecho, como contó en una entrevista en *El País*, ahora Juan dirige la empresa la mayor parte del tiempo mientras teletrabaja desde las costas soleadas de Marbella, donde empezó su historia como futuro fundador de un unicornio español.[9]

* En 2022, el último año con información disponible, Jobandtalent había duplicado sus ingresos hasta los 1.900 millones de euros y consiguió un resultado de explotación de 24 millones en la segunda mitad del año.

4

IDEALISTA: EL NEGOCIO DE BUSCAR TECHO

Ansiedad inmobiliaria

Hace diez años que Júlia se mudó a Barcelona. En esta última década ha vivido en cinco pisos distintos, cuatro de ellos compartidos. El mercado inmobiliario le ha regalado propietarios que no pagaban las facturas de los suministros, agencias que no respondían a los correos electrónicos pidiendo que le arreglaran las persianas y, sobre todo, mucha frustración. No puede entender por qué cuando entra en la página principal de un portal como Idealista, este la recibe prometiéndole que pronto estará «como en casa». Sus mudanzas, más que experiencias de cambio y aventura, han sido ritos de paso un tanto traumáticos. En cada una de ellas ha sentido miedo. Principalmente, porque era consciente de que sus ingresos se iban a convertir, de nuevo, en un obstáculo para conseguir una vivienda digna.

Su último traslado empezó, cómo no, navegando en un bucle infinito de anuncios de Idealista. Se mudaba por primera vez en pareja y quería dejar atrás su antigua habitación, más bien oscura y donde apenas cabían una cama y un armario. Su aspiración era encontrar un piso con un mínimo de luz y un pequeño balcón —aunque fuera minúsculo— para que a su gato le diera el aire. Júlia visitó una quincena de viviendas en dos meses. Al menos, se consuela, pudo aprovechar que estaba en paro para dedicarle más tiempo a esa misión casi imposible. Las promesas de los anunciantes no eran siempre ciertas. La decepción no era solo porque las fotos no coincidían con la realidad. Al terminar la visita se encontraba con otras sorpresas, como que el inmueble no tenía cédula de habitabilidad porque era un local que alguien había reconvertido en vivienda por el parón comercial de la pandemia.

Tras muchos intentos dio con un piso pequeño de dos habitaciones en el Eixample barcelonés. Había rebajado las expectativas: más presupuesto y muchos menos metros cuadrados. No iba a encontrar nada mejor por el precio que podía pagar. Eso sí, Júlia se había asegurado de que la inmobiliaria le garantizara que el propietario era un particular y no una empresa. No fue así. El día de la firma del contrato descubrió al leer el documento que le habían mentido. Si el piso era propiedad de una persona jurídica (por ejemplo, una empresa o un fondo de inversión) no estaba obligada a pagar los honorarios que le exigían para entrar a vivir. Protestó, pero al agente no pareció importarle. Le dejó claro que si no estaba de acuerdo podía irse y otro inquilino aceptaría esas condiciones. Júlia ya había empezado a hacer la mudanza y decidió, resignada, no dar marcha atrás.

La empresa a la que le pagará el alquiler durante los próximos cinco años de contrato no es solo la propietaria de su piso. También lo es de los cuatro apartamentos por rellano de cada uno de los ocho pisos que tiene el edificio. Su negocio consiste básicamente en ganar dinero a base de comprar y alquilar viviendas en Barcelona. Mientras pensaba en mantener un perfil bajo en sus primeros meses como inquilina para relajar la tensión con la agencia, otra idea cruzaba la mente de Júlia. Si todos esos vecinos se pusieran de acuerdo para exigir mejoras en el precio del alquiler, seguramente no se sentirían tan vulnerables como el día en que ella aceptó firmar un contrato que le parecía injusto.

¿Por qué importa esta historia de una búsqueda de piso estresante? Si las experiencias de Júlia con el mercado inmobiliario no hubieran sido siempre desastrosas, seguramente aquella tarde no se habría parado cuando vio a un grupo de personas sentadas en el suelo y debatiendo en círculo en una plaza. Esa reunión en plena calle era una asamblea del Sindicato de Inquilinos e Inquilinas, que en el último lustro se ha convertido en figura clave del movimiento de defensa por el derecho a la vivienda. En ese encuentro se hablaba de desahucios sin fecha, de fondos buitre que presionan para expulsar a bloques enteros de vecinos y de cómo conseguir evitar una subida desproporcionada del alquiler. Júlia se quedó a escuchar. Esa ansiedad inmobiliaria parecía un poco menos pesada si, de repente, la podía compartir con muchas otras personas en su misma situación.

Los hermanos Encinar

El apellido Encinar estaba escrito en color rojo, para que destacara en el blanco del cartel y los clientes lo vieran desde la carretera. El hotel cafetería que llevaba el nombre de esta familia en la ciudad de Ávila tenía 22 habitaciones para acoger a sus huéspedes. Era un negocio pequeño, pero funcionaba. Hasta que les salió un competidor a solo unos pocos metros. A finales de los años sesenta, Manuel Fraga, que entonces era ministro de Información y Turismo del régimen franquista, viajaba a la ciudad para una inauguración: el gran estreno del Parador de Ávila.

El nuevo hotel propiedad del Estado se había instalado en un palacio adosado a la muralla, una construcción del siglo XVI en la que habían vivido familias nobles y marqueses. Pero con la nueva vida del edificio como parador, empezó la desdicha de los Encinar, los padres de los dos hermanos que décadas después fundaron el portal inmobiliario Idealista.

Su negocio no podía competir con los recursos de ese hotel estatal, algo que se hizo aún más evidente a medida que los años setenta y ochenta trajeron tiempos de crisis económica a España. La familia Encinar se endeudó para evitar el cierre de su establecimiento, pero acabaron vendiéndolo a una residencia para personas con discapacidad para pagar esos mismos créditos. El bloque en el que los dos hermanos vivieron hasta su adolescencia fue derruido y quedó una explanada totalmente desierta.

Ese fue el momento en que Jesús Encinar empezó a desconfiar del Estado: su primer contacto con el fracaso empresarial y su primera queja contra la Administración, que lo había facilitado. Él mismo contó esta historia en su blog, donde hace más de quince años que acumula lecciones, críticas y reflexiones de cualquier tipo. La acción de los gobiernos haciendo de empresarios le recordaba a una gota de Fairy cayendo sobre una capa de grasa: poco a poco el detergente iba creciendo y acababa con todo lo que había a su alrededor.[1]

Hace mucho tiempo que quien creó el portal inmobiliario más grande de España cambió los paisajes de su infancia en Ávila por las calles de Madrid. Jesús estudió en Icade, la misma escuela de negocios católica —y a menudo caricaturizada como universidad pija de la capital— que después han pisado muchos otros emprendedores más jóvenes que él. Empezó su carrera profesional aprendiendo el arte empresarial de inventarse nombres y logos para conseguir que las marcas de las multinacionales sonaran más amables. De hecho, a la consultora londinense para la que trabajaba fue a quien se le ocurrió llamar Vueling a una aún desconocida aerolínea española de precios bajos.

Pero el salto de verdad, el que le dio la idea para fundar Idealista, no llegó hasta que cogió un avión hacia la cuna de todos esos sueños y leyendas de los grandes empresarios de internet. Jesús se fue a Harvard, el mismo campus por el que han pasado secretarios del Tesoro de Estados Unidos, consejeros delegados del banco Goldman Sachs o fundadores de gigantes tecnológicos como Mark Zuckerberg, que ha convertido en parte de su mito como emprendedor el hecho de haber dejado a medias sus estudios en la prestigiosa universidad.

Él mismo ha asegurado en alguna ocasión que, si pudo cursar ese MBA —este es el acrónimo en inglés para referirse a los másteres de Administración y Dirección de Empresas, pero en la era de las *startups* nadie se atreve a pronunciarlo en castellano—, fue porque se endeudó para pagar la matrícula.[2] Jesús se graduó con toga y birrete entre edificios de ladrillos rojizos y cuando terminaron las clases se mudó a San Francisco, una ciudad que ya vivía su propio *boom* tecnológico.

Esto sucedió a finales de los años noventa: a medida que se hinchaba la burbuja de las puntocoms también enloquecían los precios de la vivienda. Aún estaban muy lejos, eso sí, de los niveles estratosféricos que alcanzarían solo unas décadas más tarde. La llegada de las grandes empresas tecnológicas —que han atraído a miles de trabajadores muy bien pagados a esta zona— ha generado un éxodo de vecinos que ya no se pueden permitir vivir en la ciudad. San Francisco se ha convertido uno de los ejemplos más claros de los procesos de gentrificación asociados a esta industria.

A Jesús también le costó un poco encontrar piso en la ciudad del Golden Gate y la cárcel de Alcatraz. Pero en Silicon Valley ya había otras maneras de conseguir casa un poco más informatizadas —aunque tampoco mucho, eran los primeros años del internet masivo— que fijarse en los carteles pegados en las farolas o en los anuncios clasificados del periódico. Entonces en California se empezaba a usar una web muy rudimentaria que funcionaba como un tablón de publicidad y permitía recibir notificaciones por correo electrónico con los apartamentos disponibles. El sistema era digital a medias: para pagar el piso había que desplazarse hasta las oficinas presencialmente, ya que el cobro en línea aún no existía.

Las empresas de *software* empezaban a investigar las posibilidades de hacer negocio con un sector que mueve tanto dinero como el inmobiliario. Hoy en día la web de Yahoo! de 1998 seguramente nos haría daño a la vista. El nombre de la empresa aparecía en letras grandes y rojas. Todos los enlaces eran de un color azul intenso y con su respectivo subrayado. En medio del lienzo blanco de la portada había un dibujo de un bebé en pañales como puerta de entrada a las novedades del día. La tipografía no era especialmente cuidada y los *banners* reclamaban que hicieras «clic aquí» con muchas exclamaciones a modo de anzuelo.

La interfaz aún tenía ese aspecto cuando el buscador de internet lanzó Yahoo! Real Estate, una plataforma para que sus usuarios navegaran entre anuncios inmobiliarios. En la misma web también se colgaban noticias del mercado de la vivienda, se podían obtener datos sobre hipotecas y seguros o husmear entre mapas de ciudades para identificar las mejores zonas para comprar una casa. Por aquel entonces los directivos de la empresa norteamericana ya tenían claro que las webs cambiarían la manera en que tomamos cualquier decisión relacionada con nuestra vivienda. Por un lado, estas proporcionaban más información a los consumidores sobre la oferta disponible, pero, sobre todo —porque era aquí donde estaba el negocio—, prometían a las agencias inmobiliarias acceso a una base de datos con miles de potenciales compradores e inquilinos. Con el tiempo, Yahoo! Real Estate, como otros portales en los que se pudo fijar Jesús cuando vivía en San Francisco, dejaría de existir.

Cuando volvió a Madrid, el directivo se preguntaba qué sentido tenía pasearse por los barrios donde quería vivir intentando cazar un cartel de SE VENDE O SE ALQUILA colgado en algún balcón. Tomó la decisión de crear Idealista sentado en el avión de vuelta de un viaje de trabajo a Varsovia. No tenía dinero, ni socios, ni una idea de negocio muy clara. Fue su madre quien le sirvió en bandeja el nombre de la compañía, en una conversación que podría haberse desarrollado así:

—¿Cómo vas a montar una empresa? Vaya panda de idealistas.

—Sí, idealistas punto com.[3]

Y así se quedó. De hecho, Jesús Encinar creó la primera sociedad el año 2000 bajo el nombre «Idealista Libertad Y Control», en honor a dos de sus grandes obsesiones.

Uno de los primeros contratados fue su hermano Fernando, que se había licenciado en Derecho y trabajaba en el mundo de las relaciones públicas. También convenció a César Oteiza, un antiguo compañero de clase en Icade que entonces trabajaba en el banco vasco Kutxabank como director de la oficina en Zúrich. Jesús fue a visitarlo a la ciudad suiza y, aunque se lo estuvo pensando, aceptó volver a España para lanzar el portal inmobiliario. El equipo fundador lo completaron otros dos exalumnos de Icade: Andrés de la Morena, que había sido analista para los bancos de inversiones Merrill Lynch y Lehman Brothers, y Bernardo Hernández, quien ya ha aparecido como inversor de Glovo, Jobandtalent y de las flotas que trabajan para Cabify.

La web de Idealista nació en octubre del 2000. Primero solo estaba disponible para la ciudad de Madrid y al cabo de unos meses se estrenó en Barcelona. El estallido de la burbuja de las puntocoms los pilló de lleno cuando empezaban. En cuestión de muy pocos años, las bolsas habían generado unas expectativas sobredimensionadas alrededor de esos primeros negocios de internet. Esa euforia hizo que el Nasdaq —el índice tecnológico de Wall Street— llegara a superar los 5.000 puntos, cuando ni dos años antes se situaba sobre los dos mil. Era un crecimiento totalmente desproporcionado y, tan rápido como subió, cayó en picado en el momento en que se destapó todo: muchas de esas empresas prometedoras no valían tanto como se esperaba.

Algunos negocios se salvaron del desastre, pero los inversores se volvieron un poco más exigentes. Los primeros accionistas de Idealista fueron dos bancos: BBK (la antigua Kutxabank) y Caixa Catalunya (absorbida por el BBVA tras la crisis de 2008). Entonces España vivía otro *boom* que también explotaría a la larga, el del mercado inmobiliario. Las entidades financieras concedían hipotecas con mucha facilidad, incluso a clientes con dudosa capacidad para devolver esos préstamos. Los tipos de interés estaban a niveles históricamente bajos y la fiscalidad también animaba a comprar una residencia antes que a alquilarla. El sector de la construcción estaba completamente dopado.

Los primeros meses de vida de Idealista consistieron en lanzar a la calle a una veintena de empleados a buscar anuncios colgados en los balcones de Madrid para convencer a sus propietarios de que los publicitaran en su nueva página. Entonces el servicio era gratuito para los particulares (siempre lo ha sido), pero también para las agencias inmobiliarias. El primer prototipo tampoco era tan distinto del diseño actual del portal. Un fondo blanco, muy limpio, sin los *banners* animados y la música estridente que te asustaba al entrar en otras webs. Este concepto estaba muy estudiado y salía directamente de la cabeza de Jesús. El empresario es lo que ahora llamaríamos un esteta, alguien muy pendiente de buscar la belleza en todo a su alrededor. Le gustan el arte moderno, la música clásica y sobre todo el ikebana, los arreglos florales tradicionales de Japón.

La diseñadora digital Isabel Inés Casanovas (más conocida como Ludita) fue testigo de esa obsesión por conseguir que los usuarios tuvieran la mejor experiencia de navegación posible. Eso no era nada habitual en España, donde el diseño web constituía una disciplina muy nueva. Se trataba de poner las cosas fáciles para que los que buscaban piso no se frustraran y abandonaran la página. A Ludita le encargaron, por ejemplo, diseñar una herramienta de gestión para las agencias. Visitó varias y se dio cuenta de que quienes iban a usar el programa eran las secretarias de esos negocios, mujeres de cierta edad. Así que, cuando tuvo que esbozar cómo sería ese *software*, lo hizo pensando en ellas y en que pudieran imprimir en una sola página las fichas en papel con los inmuebles que luego repartían a los clientes.

La empresa había empezado a cobrar a las agencias a cambio de promocionar sus anuncios y hacerlos más visibles. En buena parte esto explica que, en 2003, su tercer año de vida, Idealista ya presentara una cuenta de resultados sin pérdidas.* Ahí se inició una relación que hoy en día es de mayor dependencia aún. Las inmobiliarias no pueden renunciar al tráfico que les genera el portal y son conscientes de que es prácticamente obligatorio colgar en él sus carteras si quieren darles salida en el mercado.

El portal de los Encinar ya se había expandido a toda España, facturaba cerca de diecisiete millones de euros al año y ganaba tres millones de beneficios en 2007, cuando el primer gran fondo internacional llamó a la puerta de los Encinar. Se trataba de Tiger Global, una firma fundada en Nueva York por un hombre con nombre de rey, Charles Payson Coleman III, un multimillonario nacido en una dinastía de «dinero antiguo».

Hasta aquí parece que en Idealista no hubieran tenido competidores dentro de un mercado increíblemente grande durante los años de la burbuja inmobiliaria. Pero no es así. Igual que Jesús vio el filón de digitalizar los anuncios de viviendas, otros empresarios españoles hicieron lo mismo. El eterno gran rival de los Encinar no nació en un pequeño hotel de Ávila, sino que su historia empieza en una portería del barrio del Clot, en Barcelona. David González Castro siempre arrancaba las presentaciones a inversores con esa referencia a sus orígenes. Como era diseñador, empezó con una revista de

* En 2003 había entrado en el capital de Idealista un nuevo accionista, la gestora de capital riesgo Bonsai Ventures, dirigida por el inversor Javier Cebrián Moreneo, otro de esos nombres que repite conexiones con Glovo, Tuenti, Wallapop e Infojobs.

anuncios clasificados que a la que llamó Segona Mà (Segunda Mano).*

Pero a finales de los noventa se puso a experimentar con los servidores de internet y, aunque también lo pilló el pinchazo de las puntocoms, terminó montando Anuntis. Así puso en marcha portales en distintas áreas, como el trabajo, el motor y, por supuesto, la vivienda. Entonces esa web primigenia de contactos inmobiliarios se llamaba Vivendum.com. Pero tras una fusión con otra empresa, su nombre cambió por otro que hoy también está ligado de manera inevitable a los dramas de la búsqueda de piso en España: Fotocasa.**

Idealista se ha encontrado con más competidores por el camino. La lista sigue con Yaencontré (ellos mismos la absorbieron en 2020), Habitaclia (que terminó en manos de Adevinta, los nuevos dueños noruegos de Fotocasa) o Pisos.com (propiedad del grupo Vocento). Pero Fotocasa es con quien más se ha disputado la posición de líder del mercado y seguramente por eso los Encinar siempre los han vigilado de cerca. Sobre todo en los inicios, se fijaban en cada cambio que aparecía en esta plataforma rival. De hecho, su enfrentamiento casi llega a los tribunales cuando Fotocasa

* La periodista catalana Mar Galtés recogió la historia de cómo se fundó Fotocasa en su libro *Barcelona Startup. Historia e historias del mayor ecosistema tecnológico y digital del sur de Europa* (Barcelona, Libros de Cabecera, 2020).

** En 2006 el grupo Anuntis ya facturaba más de cien millones de euros, tenía una plantilla de 1.300 trabajadores y oficinas en cinco países de América Latina. De sus plataformas de clasificados por internet también salieron Segundamano, Infojobs y Coches.net hasta que en 2013 los absorbió el grupo noruego Schibsted, ahora Adevinta en España.

presentó una demanda contra Idealista por competencia desleal en 2009. La primera acusaba a la segunda de usar en sus reuniones con potenciales clientes una presentación en la que se comparaban los dos portales para dejarlos mal.[4]

CUANDO ESTALLA UNA BURBUJA

Desde lo alto de la muralla de Ávila se llega a ver parte del problema. Sus más de dos kilómetros y medio rodean el núcleo de la ciudad vieja de Ávila. Además de un símbolo de la localidad, los muros han sido testigo a lo largo de siglos de cómo esta crecía con nuevos barrios y edificios. Un poco más lejos, el paisaje ya no es de callejuelas estrechas y piedra. Se ven grúas, chalés uniformes y algunos inmuebles a medio construir. Hay calles asfaltadas, pero sin vecinos que las usen para pasear. Jesús y su otro hermano, Natalio, observan el rastro de la crisis inmobiliaria en España y comentan la degradación urbanística de su ciudad natal. La conversación forma parte de un vídeo promocional de Idealista en el que el fundador del portal trata de explicar por qué Ávila no es una excepción, sino un ejemplo más de cómo la locura se apoderó del sector de la construcción en España. En diez años, se urbanizó dos veces la superficie de una ciudad de menos de 60.000 habitantes.[5]

De algún modo, Idealista ya había dado pistas de lo que iba a suceder. En invierno de 2004, el portal publicaba un libro con los mejores comentarios aparecidos en su foro, un espacio virtual en el que internautas entusiastas del mercado inmobiliario debatían sobre dónde comprar para invertir. En esta recopilación aparece 158 veces la palabra «burbuja». El mismo documento se titulaba *La burbuja inmobiliaria. Cómo saber si comprar o vender ahora*. La discusión se dividía entre «nuncabajistas», que aseguraban que el precio de los pisos no bajaría, y «burbujistas», que desconfiaban del exceso de oferta. Los dos grupos se enfrentaban para decidir quién tenía razón. Eran las «barricadas de la burbuja en internet».* Hasta que, después de muchos años de subidas, el precio de la vivienda llegó al punto álgido en 2007. Ahí empezó la caída en picado.

Cuando la crisis inmobiliaria ya era innegable, el fundador de Idealista seguía viviendo de alquiler. En su último piso, que encontró a través de su propio portal, Jesús había buscado a propósito que el propietario fuera un fondo y no un particular. No se compró una casa hasta 2010, cuando estaba a punto de cumplir los cuarenta y España había entrado de pleno en una recesión económica. Fue un piso de cien metros cuadrados en el barrio de Justicia de Madrid, una zona que entonces costaba unos 5.000 euros el metro cuadrado. Se mudó con su pareja —y después marido— Daniel Calamonte, un licenciado en Economía de la universidad privada católica CEU San Pablo que entonces trabajaba gestionando las redes sociales del programa de Antena 3 *El Hormiguero*, presentado por Pablo Motos.[6]

* Así las bautizó años más tarde el catedrático de Economía Aplicada de la Universitat Pompeu Fabra, José García Montalvo, en su libro *De la quimera inmobiliaria al colapso financiero: crónica de un desenlace anunciado* (Barcelona, Antoni Bosch Editor, 2008).

Jesús pagó su primera vivienda en propiedad con un cheque, sin hipotecas de por medio. Si no había comprado un piso antes también era porque no les quería deber nada a los bancos. Su hermano Fernando esperó hasta 2011 para encontrar en Idealista el ático con terraza en Pinar de Chamartín adonde se mudó con su marido, Ángel Luis Ruiz Cano, y sus dos gatos.[7]

La compañía, como todo el sector inmobiliario, se resintió de una crisis que dejó a su paso un cementerio de promotoras y constructoras. Ese bache en las ventas de Idealista —las agencias no estaban para poner muchos anuncios— provocó una serie de despidos y enrareció el ambiente de esta empresa tecnológica familiar en la que todo el mundo parecía ir contento a trabajar. Un empleado del departamento técnico de aquella época recuerda cómo un día dejó de haber café gratis en la oficina. Era el momento de soltar lastre y reducir gastos en lo que se pudiera. Los salarios se congelaron durante unos cuantos años.

Desde Idealista admiten que el impacto fue inmenso. La crisis supuso la pérdida de una tercera parte de la facturación, principalmente por la caída de los anunciantes de obra nueva. Casi todos los promotores de España habían quebrado. También reconocen que hubo una reducción de plantilla a lo largo de varios meses. Defienden que esos despidos eran necesarios para garantizar la supervivencia de la compañía y que se trató de minimizar el número de bajas.

En la mayoría de los unicornios españoles no existe ni ha existido nunca un comité de empresa. Si alguien está descontento, lo más probable es que busque otro empleo y se marche. Seguramente no le costará mucho. Por eso mismo, a la dirección de Idealista le pilló por sorpresa que un grupo de trabajadores —muchos de ellos del *call center*, en la parte más baja de la escala salarial de la empresa— decidieran organizarse para pedir mejoras.

Aunque a la dirección no le entusiasmara la idea, algunos de los que participaron en aquel momento explican que a finales de 2008 se acabó creando una lista para convocar unas elecciones y formar un comité de empresa. Lo que no se esperaban era que saliera otra candidatura con perfiles cercanos a la cúpula y que estos ganaran la votación. El presidente del comité de empresa era un jefe de departamento, lamenta un antiguo empleado.

La versión de Idealista es otra. La empresa asegura que sucedió todo lo contrario. Argumenta que Jesús pidió expresamente a toda la compañía que se respetase escrupulosamente el proceso sindical para elegir el comité de empresa. Que hubo distintas candidaturas de varios sindicatos y que el fundador de Idealista quiso que la campaña fuera limpia, sin intentos de desprestigio de unos contra otros. Insiste en que hoy el portal cuenta con comités de empresa actualizados en todas sus oficinas en Barcelona, Málaga y Madrid. Y que este último, el primero de todos, se ha renovado en tres elecciones y sigue en activo.

En Idealista no se había llegado a aplicar un ERE por la crisis, pero sí que se había producido un goteo de bajas. Uno de los que entraron justo antes de la hecatombe del sector cuenta que, al año y poco, en su departamento habían pasado de ser cinco a solo dos. Pero, a pesar de todo, la empresa sobrevivió a su segunda burbuja. En 2013 volvía a acercarse a los treinta millones de euros de facturación y sus ganancias superaban de nuevo los tres millones.

Idealista no cumple muchas de las reglas de oro de los unicornios. Tiene beneficios desde el tercer año de vida. No se ha endeudado. Tampoco acumula una lista infinita de inversores ni ha intentado abrir delegaciones en decenas de países. Ni siquiera ha crecido a golpe de infinitas rondas de financiación. Sus oficinas no son para nada del estilo de *startup* alocada de Silicon Valley. El espacio es muy luminoso, eso sí, con algunos toques de verde y gris corporativo. Solo hay salas para las reuniones y los puestos no son fijos, Jesús o Fernando Encinar también se sientan donde prefieran. No hay un futbolín ni una habitación con una mesa de ping-pong, pero sí una terracita para tomar el café en la que algunos empleados aparcan las bicis. La única excentricidad que se han permitido a veces los fundadores es contratar *performances* para celebraciones como Halloween o San Valentín, como cuando dos actores irrumpieron en la sede para simular una ruptura entre escritorios.

Los Encinar tampoco han querido renunciar nunca a mantener sus oficinas en pleno centro de Madrid. Hoy ocupan varias plantas en un edificio con solera en la plaza de las Cortes, a pocos pasos del Congreso de los Diputados. Durante un tiempo tuvieron a Tuenti un par de pisos más arriba. Ahí sí que había ping-pong, futbolín, pufs de colores para recostarse, una máquina de palomitas y una sala con videojuegos y guitarras eléctricas. Los equipos de ambas empresas se juntaban a menudo en el bar de la esquina, pero también había miradas incómodas en el ascensor cuando algún trabajador cambiaba una compañía por la otra, sobre todo en los años de más fervor de la red social.

La recuperación económica tras la crisis también la vivieron desde esa sede. Fue lenta, pero sabían que las cosas solo podían ir a mejor y fue entonces cuando se produjo el primer cambio de manos de Idealista. El fondo británico Apax Partners se había interesado por ese portal inmobiliario que se presentaba con el título de líder en España. En los últimos cincuenta años, esta firma de capital riesgo con sede en Londres se ha dedicado a invertir en negocios de todo tipo, no solo tecnológicos. Es uno de los nombres más relevantes del sector en todo el mundo y no era la primera vez que sus gestores invertían en España. Ya lo habían hecho con la compra de Panrico, el fabricante catalán de los Donuts, a la familia Costafreda. Pero tras cinco años al frente del negocio, la empresa terminó en números rojos y Apax se fue de España sigilosamente, incluso cerrando sus oficinas en el país.* Pero con Idealista lo volvieron a intentar.

El 24 de julio de 2015, Idealista anunció quién iba a ser su nuevo dueño. Apax se quedaba con la participación de los bancos e inversores que habían financiado los primeros quince años de vida del portal. Aunque enton-

* La familia Costafreda le vendió Panrico a Apax por unos 900 millones de euros. Era un negocio solvente: facturaba cerca de 400 millones y tenía unos 22 millones de beneficios. Se convirtió en la gran apuesta española de Apax, que prometía hacer crecer sus ventas por encima de los mil millones en cinco años. Al año siguiente de firmar la compra, la empresa estaba en números rojos.

ces no dieron detalles de lo que llegaron a pagar, la cifra se terminó sabiendo: unos doscientos veintiséis millones de euros por el 80 por ciento de la empresa.[8] Los Encinar y César Oteiza no se iban a ninguna parte. Seguían conservando el resto de las acciones y la gestión diaria de la empresa.

Los nuevos propietarios no tenían motivos para marcar demasiado el rumbo de una compañía que ya iba bien encaminada. La plantilla tampoco notó mucho que, de un día para otro, sus jefes tuvieran nuevos jefes. Más allá de la prima que cobraron por la compra y de algunas reuniones en las que los directivos de Apax aparecieron por las oficinas de Idealista, todo siguió con normalidad. A algunos sí les sorprendió que Jesús hubiera vendido la empresa que creó desde cero y de la que decía sentirse tan orgulloso. Pero los negocios del empresario en el mercado de la vivienda no se han limitado solo a Idealista. También ha invertido en el sector inmobiliario a lo largo de los últimos años a través de la sociedad Tecnofobia. Su sobrina Beatriz, que ha estudiado un máster de Gestión Patrimonial Familiar, es quien lo ayuda a administrar este *family office*.

La periodista Analía Plaza contó en un artículo de *El Confidencial*, que le ha costado una demanda judicial, cómo invierten los hermanos Encinar en el mercado de la vivienda que tanto afirman conocer.[9] Tecnofobia cuenta con diferentes empresas participadas que se dedican al alquiler y compraventa de inmuebles, sobre todo en la capital española. Tres de ellas están bautizadas con algunos de los ríos que pasan por Ávila: Adaja, Alberche, y Tormes. A la cuarta le pusieron Oudrid, como el compositor y pianista Cristóbal Oudrid, que tiene una calle con su nombre en el barrio madrileño de Tetuán.

Tecnofobia ganó cerca de 69 millones de euros en 2020, según las últimas cuentas disponibles en el Registro Mercantil. Aun así, ninguno de los dos hermanos Encinar ha querido responder a las preguntas sobre su actividad inversora fuera de Idealista. Por ejemplo, sí es cierto que invierten en *coliving*, el negocio de moda del sector inmobiliario para convencer a los jóvenes de compartir pisos de diseño nórdico con espacios compartidos y actividades de *networking* a ochocientos euros la habitación. Tampoco por qué crearon tres fundaciones en Panamá que se disolvieron tras un par de años y en las que ocuparon cargos tanto ellos como sus respectivos maridos, su hermano Natalio y su sobrina Beatriz. Pese a que crear una sociedad en este país centroamericano no tiene nada de ilegal, los protagonistas de este capítulo no han aclarado con qué objetivo lo hicieron.*

Empresario y tuitero

Ningún fundador de unicornios en España se acerca al nivel de presencia en las redes de Elon Musk. Antes de comprar Twitter, el magnate sudafricano ya era conocido por sus memes y constantes salidas de tono. Pero es cierto que, a diferencia de otros empresarios que prefie-

* Estas sociedades se llaman Global Dignity Foundation, Global Lyric Opera Foundation y Zadae Foundation.

ren mantener un perfil público discreto, Jesús Encinar nunca se ha cortado cuando se trata de verter cualquier tipo de opinión en esta plataforma.

En abril de 2020, España seguía confinada por la pandemia y el gobierno de Pedro Sánchez anunció que el mes siguiente pondría en marcha una renta básica como herramienta de choque. El ingreso mínimo vital se iba a destinar a esos hogares que no llegaban a un determinado nivel de ingresos mensuales y que habían visto cómo su situación empeoraba con la pandemia. A lo que Jesús respondió en Twitter: «¿Dónde hay que apuntarse para la renta esa que regalan? Es para un amigo».[10] Días antes había criticado que el Ejecutivo propusiera ese subsidio permanente a la vez que el gobierno pedía mutualizar la deuda europea para financiar el enorme incremento del gasto público: «Y que la factura la paguen otros, alemanes, holandeses, etc., que no tienen esa renta. No suena muy lógico».[11]

En la cabeza del empresario no tenía ningún sentido que quien entonces era el vicepresidente del gobierno español, Pablo Iglesias, acudiese a pedir dinero a la Unión Europea «hecho un pintas y con arrogancia», «con coleta y ni idea de economía».[12] En otras ocasiones, Jesús ha usado Twitter para lamentar que en España seamos envidiosos, más cigarras que hormigas o que no valoremos la libertad. También para sorprenderse de que aquellos que quieren salarios y pensiones «dignas» luego solo compren en tiendas de descuentos, *outlets* y AliExpress: «¿Cómo se creen que se pagan las cosas?».[13]

Pero, por descontado, el tema que ocupa más mensajes en su perfil es el sector inmobiliario. Por ejemplo,

Jesús ha opinado que la okupación de viviendas se ha convertido en un negocio, cuando antes era una medida para personas sin alternativa.[14] También que la ley ha propiciado una verdadera industria asesorada por abogados, en la que se paga por localizar inmuebles perfectos para okupar. Sobre las normativas de vivienda, ha dejado claro por activa y por pasiva que limitar los precios del alquiler nunca funciona: hace que disminuya la oferta y aumente el mercado negro.[15] Para invertir tranquilo y generar empleo, lo que Encinar quiere es seguridad: «Si a una situación compleja le sumas los vaivenes de un gobierno intervencionista, antiempresa y anticapital, la situación se vuelve aún peor».[16]

Víctor (nombre ficticio) sabía cuál iba a ser el tema de conversación en la oficina al día siguiente a que Jesús publicara alguno de estos comentarios en Twitter. «¿Te has enterado de la última?», le preguntaría algún compañero en la pausa del café. Para él, que se considera completamente contrario a las opiniones de quien fue su jefe durante un año y medio, había que separar la obra del autor. Sus opiniones neoliberales lo incomodaban. Aun así, lo considera un buen empresario, que mantiene su negocio en Madrid cuando podría contratar a un puñado de programadores en la India para hacer el mismo trabajo.

El termómetro de otro antiguo empleado del equipo de tecnología para medir cómo sentaban las reflexiones de Jesús en redes eran las valoraciones de Idealista en las tiendas de aplicaciones móviles. En vez de comentarios sobre si los filtros de búsqueda o los mapas funcionaban bien, aparecían opiniones acerca de la deriva ideológica de su fundador. Google Play se llenó de puntuaciones de una estrella después que Encinar destacara en un tuit que los nazis habían celebrado un referéndum para justificar su anexión a Austria. A pocas semanas del referéndum independentista del 1 de octubre en Cataluña.[17]

Pero más allá de las opiniones en redes de su creador, durante buena parte de su historia, Idealista ha tenido su propio altavoz. Cuando la empresa empezaba a dar sus primeros pasos, en un rincón del portal apareció una noticia de siete líneas publicada a la una de la madrugada sobre el incremento de precios de los pisos en España.

Ese párrafo era un experimento, una prueba piloto para averiguar qué pasa cuando es la empresa quien genera contenido sobre el sector que domina. Al principio eran unas pocas noticias cortas sacadas de periódicos, con los enlaces al pie. Ni siquiera se publicaban cada día. Recordemos que uno de los Encinar, Fernando, venía de trabajar en gabinetes de comunicación y que sigue siendo quien controla el discurso de Idealista de puertas afuera. Si la compañía generaba tantos datos de interés relacionados con la vivienda y tenía en plantilla personas que conocían este mundo a la perfección, ¿por qué no contarlo ellos mismos?

La idea se meditó, pero no empezó a tomar forma hasta unos años más tarde. En 2008 ficharon a un periodista económico con quien, precisamente, se habían cruzado siendo ellos los entrevistados. Así nacía *Idealista News*, un medio de comunicación corporativo que fue creciendo hasta convertirse en una pequeña redacción dentro de la empresa. Contrataron a profesionales que iban a ruedas de prensa, hacían preguntas a expertos y elaboraban gráficos vistosos sobre el mercado inmobiliario.

Con el tiempo, *Idealista News* se ha convertido en una fábrica de contenido que puede llegar a producir más de cuatrocientas noticias al mes. Aun así, en los movimientos sociales por el derecho a la vivienda también han visto en esta estrategia una vía para intentar influir en la opinión pública y posicionarse en temas que son muy delicados para su negocio.

Lo que ha hecho Idealista tiene un nombre. Se llama periodismo de marca y cada vez hay más empresas que lo usan para narrar su propia historia, incluidas *startups*. El director de marketing de McDonald's, Larry Light, fue uno de los primeros en darse cuenta de que la cadena de hamburgueserías no necesitaba solo anuncios para convencer a sus clientes de pedir un Big Mac. Hacía poco que se había estrenado el documental *Super Size Me*, en el que Morgan Spurlock solo comía en sus locales durante todo un mes. Ante el aluvión de prensa negativa sobre las consecuencias nefastas de una dieta basada exclusivamente en la comida rápida, el directivo decidió que su contraataque sería ir más allá de las notas de prensa y crear contenido sobre la empresa como lo haría un periódico o una revista.

Al margen de *Idealista News*, el grupo ha reforzado a lo largo de los años todo su negocio alrededor de los datos, un área de la que también se encarga Fernando. Hasta el punto de que organismos como el Banco de España o el Ministerio de Fomento también usan la información que les proporcionan la plataforma y otros de sus competidores para elaborar algunos de sus estudios. Ciertas administraciones (no todas) navegan a ciegas ante la falta de datos sobre el precio de la vivienda y aquí los portales inmobiliarios han encontrado un nuevo filón.

Pero, pese a que los portales pueden anticipar tendencias, como quien saca un dedo para comprobar de dónde viene el viento, tampoco disponen de un retrato exacto del mercado. Lo que vemos cuando entramos en Idealista o en Fotocasa es el precio de oferta. Es decir, qué cantidad de dinero espera conseguir con un inmueble su propietario. A partir de ahí, empieza una negociación de la cual no somos testigos. Así que, en un momento de subida de precios, puede ser que el crecimiento que reflejan los estudios de estas plataformas sea más elevado que el real, y lo mismo a la inversa. Porque, al fin y al cabo, los datos de los portales se basan en las expectativas de los propietarios y no en el precio final por el que se cierra la operación.

Además de convertirse en una fuente de información para gobiernos y organismos económicos, Idealista también vende sus datos a bancos, agencias inmobiliarias o fondos de inversión que quieren estar al día de cómo evoluciona el sector. Así pueden monitorear el *stock* de vivienda de un barrio y su rentabilidad en comparación con otras zonas. Y repetir ese mismo ejercicio en cualquier punto de España, Italia o Portugal. Es, probablemente, el mayor generador de contenido inmobiliario del sur de Europa.*

* Idealista también ha integrado Tercero B, una empresa de *big data* que recopila toda la información pública disponible para tasar una vivienda. Esta tecnología les permite ofrecer una tasación gratuita de cualquier dirección.

Hemos hablado de anuncios y datos, pero aún hay una tercera pata de negocio que ha provocado muchos quebraderos de cabeza a Idealista en los últimos años. La empresa también ofrece a las agencias sus propios programas de gestión. Es decir, un *software* para que puedan archivar, mantener, actualizar y compartir su base de datos de pisos en cartera. Se llama Tools, 'herramientas' en inglés.

Ahora imagina un grupo de inmobiliarias. Cada una con sus intereses, sus clientes, sus anuncios con fotografías de cocinas y salones tras un cristal. Aunque compiten entre ellas, deciden firmar un pacto. Crean una bolsa común de pisos que comparten entre diferentes agencias. De esta manera, si una consigue un anuncio y otra lo vende, no gana solo una empresa sino dos. Es como un gran hipermercado de propiedades, mucho más fácil y cómodo para estos intermediarios.

Pues ahora imagina que el Estado se pone a investigar esta manera de funcionar. Concretamente, el organismo que garantiza que la competencia entre empresas sea justa. La Comisión Nacional de los Mercados y la Competencia, el peor temor de los cárteles que pactan precios y las multinacionales que ostentan monopolios. Sus técnicos bucean entre toneladas de información para determinar si detrás de las compañías se esconden fraudes que merecen ser multados.

Eso es lo que pasó con algunas de estas inmobiliarias que compartían información sobre pisos, usando un sistema que a todas luces era legal. Pero a través de los correos y las reuniones que había mantenido entre ellas, Competencia advirtió un detalle. Los pisos que se anunciaban en esa bolsa común debían tener al menos un requisito: que los honorarios fueran como mínimo del 4 por ciento. Y aquí es donde vuelve a aparecer Idealista. Uno de los filtros informáticos que permitían dejar fuera a las operaciones con comisiones más bajas era suyo. ¿Qué significa esto? Que algunas de las agencias acusadas de montar un cártel para controlar los precios de la vivienda usaban su programa Tools.

Cuando llegó la multa, esta fue para Idealista y seis empresas más (algunas agencias inmobiliarias y otras tecnológicas que también ofrecían sus programas). No se acusaba al portal de los Encinar de usar algoritmos sofisticados ni tecnologías complejas de inteligencia artificial para fijar los precios de la vivienda, pero sí de facilitar su aplicación y de que las inmobiliarias siguieran usando ese esquema de comisiones pactadas.*

La sanción tuvo un impacto mediático importante, pero sobre todo dio pie a interpretaciones. Por ejemplo, que se estaba acusando a Idealista de «manipular» el precio de los alquileres o «inflar» el mercado con sus algoritmos. Las críticas enfadaron mucho a los Encinar. Lo consideraban un daño injustificado contra su reputación, algo que nunca han llevado nada bien. Y es que el expediente no hablaba de ningún escenario en que Idealista se dedicara a determinar los precios de la vivienda, aunque sí la consideraba responsable de permitir que existiera un cártel inmobiliario a través de su propia pla-

* La multa para Idealista fue la más alta. Como la sanción se fijaba con un porcentaje sobre la facturación, le correspondieron 730.000 euros de los 1,25 millones que la CNMC reclamaba en conjunto a las siete empresas.

taforma. El grupo recurrió la multa, que aún tendrá que pasar un largo trámite por los tribunales hasta que se decida si fue realmente justa o no.

El sindicato

La sala estaba totalmente llena. El éxito fue tal que mucha gente se quedó esperando fuera y se tuvo que repetir una asamblea alternativa en la calle para reproducir lo que se estaba contando de puertas adentro. Unas cuatrocientas personas se congregaron en el Casinet d'Hostafrancs, un centro cívico en el barrio de Sants en Barcelona, pero no para ver un espectáculo de danza ni una obra de teatro amateur. Estaban allí porque querían organizarse formalmente contra los abusos en los precios del alquiler. Así nació en Cataluña el Sindicato de Inquilinas e Inquilinos, una plataforma que se ha dedicado en los últimos años a luchar contra la especulación inmobiliaria desde todos los flancos posibles.[18]

Países como Suecia o Alemania ya contaban con una historia más o menos extensa de movimientos sindicalistas en defensa del derecho a la vivienda, pero en España nunca había existido nada parecido. El recuerdo más reciente eran las camisetas verdes de la Plataforma de Afectados por la Hipoteca (PAH) y las presiones vecinales para intentar paralizar la ola de desahucios que no cesaba tras la crisis.

Pero, por primera vez, esa tarde de mayo de 2017 los inquilinos tenían una voz colectiva. Pedían un cambio en el mercado inmobiliario que fomentara los contratos de larga duración. Los que habían vivido de alquiler durante los años más duros de la recesión se encontraban con propietarios que ahora les exigían subidas de precio inasumibles, mientras sus salarios no aumentaban ni un euro. El sindicato venía a denunciar que el alquiler se había convertido en una nueva fuente de precarización y que ya estaban hartos de aguantarlo.

Carmen Arcarazo es politóloga y economista por la Universidad de Ámsterdam. También ha investigado sobre procesos de participación, ha sido observadora internacional de activistas en riesgo en México y se ha especializado en estudios urbanos. Pero hay una parte de su vida que no recoge ningún currículum académico. Es una de las portavoces que ponen cara a un fenómeno tan transversal como el Sindicato de Inquilinas e Inquilinos.

Al frente de esta plataforma ha tenido tiempo para reflexionar sobre el papel de portales como Idealista o Fotocasa en los problemas del mercado inmobiliario. Para empezar, Carmen pone en duda que su rol sea el de un simple intermediario sin ningún tipo de influencia. Según este movimiento, las plataformas no pueden ser neutrales en ningún caso porque ellas mismas son actores interesados, en lo que al fin y al cabo es un negocio que les permite generar beneficios empresariales.

¿Y dónde ve esta influencia el sindicato? Pues tanto en sus informes con datos sobre la evolución del mercado como en las noticias de *Idealista News* que cuestionaban la ley catalana para limitar los precios del alquiler, antes de que la tumbara el Tribunal Constitucional. También en cualquier intervención pública en la que Jesús o Fernando Encinar han dejado claro al gobierno cuál es su postura sobre el tipo de regulación de la vivienda que necesita España. Para Carmen, solo con eso sería suficiente para hablar de Idealista como un «aparato de propaganda» al servicio de los intereses del sector inmobiliario.

Según la politóloga, hacer pronósticos sobre los constantes aumentos del precio del alquiler también es una llamada a unos inversores cada vez más hambrientos de rentabilidad. Y entonces, defiende Carmen, las previsiones se convierten en profecías autocumplidas. Los fondos se ven tentados y acaban ajustando los precios al alza: nadie quiere cobrarle al inquilino menos que el propietario de al lado.

En los listados de anuncios de pisos —donde, como la mayoría, Carmen también se ha encontrado buscando una vivienda acorde con sus ingresos alguna que otra vez— solo ve una asimetría de información muy grande. A una de las partes se le puede pedir un aval, diversas nóminas para comprobar sus ingresos e incluso una carta de presentación en la que tendrá que convencer al propietario de que es la persona ideal para quedarse en ese piso. Pero por el otro lado, los anuncios pueden mostrar más o menos datos sobre el piso, según prefiera la agencia. Nunca te vas a encontrar con una valoración de los antiguos inquilinos, que desvele la realidad sobre ese inmueble antes de que hayas firmado el contrato.

Idealista tampoco ha escondido que el Sindicato de Inquilinos e Inquilinas no le despierta mucha simpatía. En su portal de noticias se ha referido al movimiento como un «*lobby* inmobiliario de extrema izquierda vinculado a los círculos de Podemos».[19] A Jaime Palomera, investigador y doctor en antropología que también ejerce de portavoz, le han colocado el cargo de «jefe» de la organización. Para Carmen, son intentos de difamarles porque hasta que apareció el Sindicato nadie había cuestionado su posición.

El tema por el que más dardos se han lanzado Idealista y el sindicato ha sido la regulación de los alquileres. El portal siempre ha defendido que limitar los precios reduce la oferta y a la larga los vuelve a inflar. Para la empresa, alargar los contratos hasta cinco o diez años, como pretende impulsar la nueva ley de vivienda española, también empujaría a muchos propietarios a retirar sus inmuebles del mercado.

Desde el sindicato, en cambio, insisten en que poner un techo a los precios es la única manera de parar la burbuja. Para celebrar el aniversario de ley catalana que intentó aplicar este límite mientras se lo permitiera el Constitucional, los activistas mandaron un pastel de zanahoria con forma de casa a las oficinas de Idealista. La tarta estaba recubierta de fondant de colores y tenía dibujado en la fachada un -5,5 por ciento, el mismo porcentaje que había bajado el precio del alquiler en esos últimos doce meses en los municipios catalanes donde se había aplicado la normativa.[20]

Cómo sobrevivir a dos crisis

Ha quedado claro que Idealista pertenece a otra generación de empresas de internet españolas. Pero seguramente, sin ejemplos como el de Jesús, otros chavales jóvenes que volvieron de Estados Unidos obsesionados con un modelo de negocio prometedor se lo habrían pensado dos veces antes de empezar a pedir dinero prestado a grandes fondos de inversión. Aunque el portal inmobiliario se convirtió en uno de los grandes supervivientes de aquella generación de compañías defenestradas tras la burbuja de las puntocoms, no se encumbró como unicornio hasta dos décadas después de su nacimiento.

Para entonces Idealista ya había superado dos crisis más: la inmobiliaria y la del covid. Esta última obligó a Jesús a presentar un ERTE. A la plantilla de la empresa se le recortaron dos horas de jornada (y de sueldo) al día para intentar sortear el bache de la pandemia.* Con la parálisis del confinamiento, la actividad de las agencias inmobiliarias prácticamente desapareció. ¿Para qué colgar anuncios de sus pisos si nadie iba a poder salir de casa para visitarlos?

Muchas de las ofertas se retiraron o se limitaron a las webs propias, en un intento de reducir costes. A Idealista le tocó renegociar condiciones y ofrecer rebajas a las agencias para que no se fueran del todo. La empresa explica que cada cliente recibe un trato personalizado y, por lo tanto, los ajustes dependieron de cada caso. Un porcentaje de ellas se dio de baja, otro redujo los servi-

* Durante ese tiempo, el Servicio de Empleo Público Estatal (SEPE) cubrió el 70 por ciento del sueldo que los empleados dejarían de cobrar. Aun así, al preguntarle por este tema, desde Idealista aseguran que a final de 2020 se restituyó a todos los empleados como mínimo el importe salarial perdido durante esos meses, a lo que se sumó un bonus extra para toda la plantilla. La empresa afirma que ningún empleado de Idealista sufrió pérdidas de salario durante el primer año de pandemia.

cios que contrataban, un tercero mantuvo la inversión y algunas llegaron a aumentar el presupuesto, asegura el portal.

A Idealista le interesaba que no se pudiera cuestionar su modelo porque estaba a punto de cerrar la operación que convertiría la compañía en unicornio. La valoración del portal había crecido tanto que el pelotazo era más que evidente.* En septiembre de 2020, cuando España entraba en la segunda ola de la pandemia, se anunció por fin un nombre. El equipo de Idealista había estado manteniendo reuniones por videollamada con un gran fondo internacional. Un miércoles de madrugada se firmó el acuerdo por el que la firma sueca EQT tomaba el control de Idealista, comprando las acciones que estaban en manos de Apax.

El portal se valoró entonces en 1.321 millones de euros y consiguió de esta manera convertirse en unicornio veinte años después de su nacimiento.[21] En solo cinco años, los ya antiguos dueños habían multiplicado más de cinco veces el dinero invertido.[22] Se cumplió a la perfección el ciclo que tienen este tipo de fondos cuando compran una empresa tecnológica: se quedan como accionistas durante un tiempo, observan cómo sube el valor y venden. Una operación redonda. Como en su primer cambio de jefes, la condición del acuerdo con EQT era mantener a Jesús, a su hermano Fernando y a César

* En las últimas cuentas de resultados antes de que entrara el fondo, las de 2014, la compañía alcanzó unos beneficios de 5,3 millones de euros y unas ventas de unos 25 millones. Tras cuatro años con Apax como principal accionista, la empresa ya estaba por encima de los 23 millones de ganancias y los 78 de facturación.

Oteiza al mando de la compañía y reservarles una parte de las acciones.

El nuevo dueño de Idealista es una firma de capital riesgo mastodóntica que gestiona una veintena de fondos. Sus orígenes se remontan a una de las dinastías más importantes de Suecia, los Wallenberg, una estirpe de banqueros, empresarios industriales, políticos y diplomáticos. Su linaje atraviesa como mínimo cuatro siglos de historia del país. Durante la Segunda Guerra Mundial, el banco del que eran propietarios, el Stockholms Enskilda Bank, fue acusado de colaborar con los nazis tras comprar algunas filiales de Bosch, uno de los grandes productores de armas del ejército de Hitler. Los Wallenberg se quedaron con algunas de sus sociedades en el extranjero para que la compañía las pudiera recuperar cuando terminara la guerra.[23]

La quinta generación de Wallenbergs fue la que tuvo la idea de crear un fondo de inversión a principios de los noventa, durante una cena en el ayuntamiento de Estocolmo. Empezaron comprando participaciones en empresas nórdicas y ahora poseen oficinas en una quincena de países y cotizan en el Nasdaq sueco. Apuestan prácticamente por cualquier sector: energía, seguros, infraestructuras, finanzas, salud...* Pero EQT también tiene otros intereses en el inmobiliario español, donde ha in-

* En España también controlan Parques Reunidos, el grupo propietario de complejos como el Parque Warner en Madrid. Poco antes de comprar Idealista también se hicieron con Freepik, una *startup* malagueña que ha creado un banco de imágenes gratuito con más de diez millones de recursos visuales. Pagaron unos 200 millones de euros por la empresa.

vertido en los dos tipos de residencias que se encuentran en ambos extremos de la vida: las de estudiantes y las de personas mayores.

Si buscas a Idealista y a sus fundadores en Madrid, los seguirás encontrando en la plaza de las Cortes, muy cerca del Congreso de los Diputados, el Museo del Prado y la fuente de Cibeles. Aunque ahora esté en manos de un gran fondo sueco, el portal continúa generando infinidad de datos y opiniones sobre el mercado de la vivienda en España. Jesús y Fernando han vuelto a enfrentarse, también por vía judicial, a multas y acusaciones que consideran injustas. Siguen defendiendo que ni inflan los precios del alquiler, ni intervienen de ninguna forma el sector inmobiliario, ni hay nada raro en sus inversiones en inmuebles. Idealista es una superviviente de los primeros negocios españoles de internet, que está ya muy lejos de la pequeña web de comerciales que recorrían la ciudad buscando carteles de SE VENDE en los balcones. Hoy es una compañía que en 2021 generó más de cien millones de euros con los anuncios de ese piso ideal que aún aspiras a encontrar.

¿Qué hay en tu móvil?

Si te pones a pensar a conciencia sobre cómo responder a esta pregunta tal vez te pase como a mí. Aunque en estos últimos años de aceleración tecnológica también hemos tomado algo de perspectiva, te aseguro que no sabría contestar a ciencia cierta.

Nos han contado —incluso a través de los testimonios de personas que han trabajado en las entrañas de estas plataformas— escándalos como el de Facebook, la consultora británica Cambridge Analytica y el uso de los datos de miles de millones de usuarios para propaganda política. Hemos leído en noticias e informes sobre el «efecto Airbnb» en los precios del alquiler. Nos han llegado historias de todas partes del mundo sobre conductores de Uber con vidas precarias y repartidores que cada día esquivan la posibilidad de un accidente mortal con tal de entregar un paquete. Y aun así nos siguen surgiendo dudas e interrogantes sobre el impacto real de todo aquello que consumimos a través del móvil.

¿Somos responsables —aunque sea en una pequeña parte— del auge de estas empresas tecnológicas que nos generan incomodidad a la vez que se ofrecen a hacernos la vida más fácil? En un artículo de *El Confidencial*, el periodista Héctor G. Barnés se refirió a esta ola que nos ha engullido tan rápidamente como «la industria de la subcontratación de tus marrones».[1] Esa que le regala al consumidor moderno, ansioso y sin tiempo una cierta sensación de control a cambio de un módico precio. Con el mapa en la palma de su mano puede seguir en tiempo real cuándo llegará a su casa el *rider* que transporta su pizza y sentir en ese pequeño espacio de tiempo que él también manda sobre alguien. Las plataformas que hemos conocido a lo largo de los capítulos anteriores también poseen —en mayor o menor medida— este componente ansioso del que habla Barnés: como consumidores nos ofrecen una solución rápida, un atajo para resolver una necesidad urgente, ya sea pedir comida, llamar a un coche para que nos recoja, conseguir un trabajo temporal en unos pocos clics o encontrar un piso con urgencia porque nos tenemos que mudar ya.

Poco después que se publicara ese artículo, un corto del director valenciano Pau Rodilla reflexionaba sobre la misma idea. En el vídeo, un *rider* reflexiona en voz alta durante un trayecto de tres minutos sobre esta sociedad que prefiere pagar a alguien para que le lleve el bocadillo a casa que bajar a buscarlo al bar de la esquina. El repartidor está harto de ser un esclavo posmoderno, quiere dejar el trabajo y se pregunta mientras pedalea si realmente es una mejora para la sociedad disponer de «un ejército de esbirros deambulando por la ciudad satisfaciendo los deseos» de otros. Al llegar a su destino final, otro mensajero lo espera en casa con el pedido que él mismo ha encargado para cenar mientras repartía de noche.[2]

El colectivo de investigadoras Carro de Combate se dedica a indagar sobre el impacto de todo lo que consumimos. Defienden que, aunque el mundo nos empuja a desentendernos de las consecuencias cuando pagamos por productos y servicios, estas no desaparecen. Tampoco en las redes. Por eso plantean, en uno de sus últimos libros, la cuestión incómoda de las plataformas tecnológicas y sus oligopolios, pero no solo desde la impotencia que genera en el consumidor intentar luchar contra gigantes como individuo solo e indefenso.[3]

Aunque modificar nuestros hábitos digitales y renunciar al uso de los servicios de estas empresas no siempre es posible, creen que sí está a nuestro alcance cobrar conciencia de cómo funciona el sistema y modificar algunas conductas que lo refuerzan. Existen alternativas —cada vez más— que se proponen ofrecer al menos algunas salidas de emergencia para escapar de las GAFAM (este acrónimo se usa para referirse a las cinco grandes corporaciones del sector: Google, Amazon, Facebook, Apple y Microsoft). Sin necesidad de caer en la tecnofobia, las investigadoras recuerdan que podemos encontrar otras iniciativas digitales se salen de este camino. Y, ¿por qué no?, probarlas.

En Mensakas también hay un color —el morado— que tiñe tanto la página web como las chaquetas y las cajas de los repartidores. Es la seña de identidad, junto a las bicicletas de carga del mismo tono, que las hace destacar a simple vista cuando transportan cajas y bolsas con pedidos por Barcelona. Aun así, la diferencia más importante respecto a otras aplicaciones que llenan la ciudad de mensajeros no es esa. Esta cooperativa nació en 2018 y seguramente no existiría sin otra iniciativa que conocíamos en el primer capítulo de este libro. Después de crear la plataforma RidersXDerechos, algunos de los repartidores de Deliveroo que habían puesto en marcha la lucha contra las plataformas de reparto fueron castigados con una «desconexión» por parte de la compañía británica.

Pero, aunque los hubieran despedido y expulsado del sector, a ellos realmente les gustaba la libertad de salir a trabajar en bicicleta. Solo que querían hacerlo con contrato y asegurándose unas buenas condiciones laborales. Así que decidieron que seguirían transportando paquetes, pero de manera muy distinta. Mensakas quiere demostrar que es posible encontrar una alternativa responsable de reparto. Los *riders* impulsores empezaron el proyecto acercándose a otras iniciativas de economía social. Con el acompañamiento adecuado, pusieron en marcha una cooperativa y una campaña de micromecenazgo para financiar su propia aplicación. Consiguieron más de 18.000 euros.[4]

Mensakas se puede descargar en cualquier móvil gracias a la federación de cooperativas de reparto Coopcycle, creada por un grupo de activistas (hay programadores, pero también economistas, periodistas y abogados) preocupados por la precarización de los repartidores y los peligros de la uberización del mercado de trabajo. Como otras de las plataformas que conoces, también tienen un *software* de gestión de flotas para seguir las entregas en tiempo real. En este caso no hay fondos de inversión que financien un crecimiento desbordado: la federación está gobernada democráticamente por las mismas cooperativas. Además, a diferencia de la lógica de Glovo, UberEats, Deliveroo, Stuart o JustEat, para quienes los algoritmos son un secreto empresarial que se debe mantener fuera del alcance de la competencia, la aplicación de Coopcycle funciona con una licencia de *copyleft*. Es decir, su código está abierto a aquellas empresas «con una ética sólida» que la quieran usar.[5]

Los repartidores de Mensakas están contratados por la cooperativa y algunos de ellos también participan como socios. Cuatro años después de intentar crear una opción de reparto a domicilio que pusiera a las personas por delante del capital, esta sigue existiendo.

Es más, no están solos en España. En Barcelona comparten calles con Las Mercedes, la cooperativa que formaron un grupo de mujeres que se dedicaban a los *tours* educativos hasta que llegó la pandemia. Pese a lo duro de la crisis, repensaron qué hacer con su futuro e iniciaron un proyecto que se define como «lila y verde». Han cambiado los paseos por la playa con estudiantes de secundaria franceses por la mensajería tanto para particulares como para empresas.[6] Y en Madrid tal vez te hayas cruzado con alguna de las bicicletas de La Pájara, otro proyecto cooperativo que surgió de las protestas contra las plataformas de reparto que usan falsos autónomos. Desde que empezaron a pedalear por su cuenta —destacan en su web— han entregado 23.000 pedidos, han recorrido 96.000 mil kilómetros, han ahorrado 19.200 kilogramos de CO_2 y no han explotado a ninguno de sus trabajadores.[7]

Hace años que el colectivo de Las Kellys (acrónimo de «las que limpian») denuncia en España la situación que viven cada día las camareras de piso de los hoteles ante ritmos de trabajo insostenibles. Para muchas de ellas, la jornada laboral consiste en ocho horas limpiando hasta treinta habitaciones en una carrera contra el reloj. Una jornada tras la cual aparecen los problemas de movilidad en las manos, la ciática o la lumbalgia. Por eso, en verano de 2021, la asociación lanzó una campaña de micromecenazgo para poner en marcha su propia central de reservas hoteleras libre de explotación laboral. Recaudaron más de 90.000 euros para desarrollar una plataforma de tipo Booking en la que solo se puedan anunciar los establecimientos que cuenten con un sello de trabajo justo y de calidad.[8]

La pandemia dejó más despidos y peores condiciones de trabajo en un sector tan feminizado y precario como el de las limpiadoras de habitaciones de hotel. Pero esa situación se convirtió en un motivo más para animar a Las Kellys a demostrar que se podía anteponer el bienestar de las personas a los intereses del mercado. Es más, quieren hacerlo rentable. El espíritu del proyecto es el mismo que el de las cooperativas de *riders*: reapropiarse de la tecnología en pro de sus derechos laborales. Cuando hablé con ellas por última vez, aún se encontraban haciendo trabajo de campo para encontrar hoteles en Cataluña que pasaran este filtro.

En España no solo fabrican *software* los unicornios desde sus oficinas con sofás y barras de bar. Jamgo es una cooperativa de desarrollo de páginas web y aplicaciones que comparte techo con otros proyectos de economía social. Su sede no es un bloque de despachos acristalado, sino un antiguo complejo industrial en el barrio de Sants de Barcelona, en el que a principios del siglo XX se fabricaban velas para los barcos que zarpaban del puerto. Este espacio ha dejado de estar completamente abandonado y ahora acoge cooperativas como Jamgo, donde todos los empleados también son socios y reciben la misma remuneración por sus horas de trabajo. Si alguien cobra un poco más, es porque han decidido que algo en su situación familiar lo justifica. Cualquiera que se incorpore, defienden, tiene exactamente los mismos derechos y obligaciones que los fundadores que llevan ahí desde el primer día. Quieren ser una alternativa a las empresas de las que huyeron cuando trabajaban en el sector digital: verticales y con condiciones laborales más precarias que se negocian siempre desde la individualidad. Ahora son once personas y hace más de una década que les funciona esta fórmula.

En Jamgo trabajan con código libre y, pese a admitir que les queda mucho camino por recorrer, confían en que es posible construir una tecnología más justa, accesible y horizontal, que no se quede solo en manos de una minoría privilegiada. Entre las iniciativas en las que han participado destaca, por ejemplo, la plataforma CommonsCloud, una alternativa al cajón para documentos en la nube que ofrecen Google Drive o Dropbox. No son los únicos. Detrás del movimiento de la soberanía tecnológica, ese que llama a escapar de los sistemas operativos y las infraestructuras de los gigantes informáticos, hay programadores, diseñadores, investigadores y científicos de datos que tienen claro que, en el *software*, la ética debería ser más importante que los beneficios.

Entre las entrevistas para escribir este libro, también me he encontrado con antiguos trabajadores de estos unicornios españoles que, tras pasar por sus oficinas, han marcado nuevas líneas rojas sobre el tipo de empresas para las que están dispuestos a trabajar. Emilio (es un nombre falso) cuenta cómo acabó afiliándose a la CGT durante el año en el que formó parte de la plantilla de Glovo. Le pareció útil contar con la ayuda legal de un sindicato porque sentía que lo podían despedir en cualquier momento. Además de las horas extra sin pagar y la presión por llegar siempre a la oficina cargado de buen rollo, a Emilio le enfadaban las condiciones laborales de los repartidores y, sobre todo, darse cuenta de que la empresa mentía al decir que no eran empleados, sino autónomos independientes. Le llegó una oferta laboral de otra empresa y no dudó en marcharse, justo cuando estallaba la pandemia. Ahora el recuerdo ya no es en caliente, pero Emilio no ha cambiado mucho de opinión y aún no quiere saber nada de Glovo. No solo como trabajador, tampoco como consumidor.

En Estados Unidos también ha nacido un movimiento ante la frustración que genera el modelo unicornio. Jennifer Brandel y Mara Zepeda eran dos amigas que habían seguido caminos muy parecidos. Ambas eran reporteras de una radio pública que se habían pasado al sector tecnológico para fundar su propia empresa. Aseguran que su idea no era hacerse ricas, sino solucionar un problema que no podían ignorar más. Jennifer había creado una plataforma para ayudar a los medios de comunicación a interactuar mejor con su audiencia, algo parecido a lo que Mara había hecho para que las universidades conectaran con sus estudiantes. Mientras se esforzaban para que sus negocios no murieran en el intento, empezaron a compartir historias sobre lo que consideraban un purgatorio financiero. Los fondos no querían invertir en empresas que no les prometieran multiplicar por diez su inversión en un tiempo razonable. Pero ellas no aspiraban a ese ritmo de crecimiento. Tampoco a formar parte de un sistema que premia la cantidad por encima de la calidad y el consumo ante la creación.

Otras fundadoras de pequeñas empresas estaban de acuerdo con ellas. No podían ganar a ese juego, al menos mientras esas fueran las normas de la partida. Su alternativa a aspirar a ser un unicornio fue convertirse en cebras. ¿Por qué cebras? Pues para empezar porque, a diferencia de los unicornios, estas existen. Las empresas cebra son blancas y negras, explicaron en su manifiesto, porque son rentables, pero ayudan a mejorar de algún modo la sociedad. Anteponen la cooperación a la competición con otras compañías. Las cebras van en manada y se protegen entre ellas porque, al fin y al cabo, su esfuerzo individual tiene un resultado colectivo: no terminar siendo devoradas por un depredador.[9]

Para sus fundadoras, esta iniciativa quiere reconstruir lo que han destruido los unicornios. Si el modelo de negocio de una empresa es el mensaje que transmite al mundo, estos han basado los suyos en el mito de la disrupción, entendido como «derriba todo lo que encuentres a tu paso». A diferencia de la cultura de *club de tíos* que sigue incrustada en muchas tecnológicas, las cebras las han fundado en su mayoría mujeres y personas de colectivos situados en los márgenes. Todos aquellos a los que Silicon Valley siempre había dado un no por respuesta cuando llamaban a la puerta pidiendo financiación. Este sigue siendo un movimiento en construcción, pero de momento se han creado una treintena de comunidades en distintos países de Europa, Asia, Norteamérica y Sudamérica. Aun así, las cebras todavía no tienen una delegación en España.

Podría seguir hablando de otras iniciativas tecnológicas que ni son unicornios ni quieren serlo y que también destaca el colectivo Carro de Combate. Pangea.org es una organización sin ánimo de lucro que facilita el acceso a internet con servidores «de kilómetro cero». Firefox es un navegador hecho con código abierto que, a diferencia de Google, no rinde cuentas a ninguna junta de accionistas y se financia —en parte— gracias a donaciones. OpenStreetMap lo fundó un británico porque no podía conseguir información cartográfica de acceso libre y ahora es un proyecto colaborativo para crear un gran mapa del mundo a través de las contribuciones de miles de personas. Proton Mail es un servicio de correo creado por antiguos científicos e ingenieros del CERN (el gran centro de la investigación nuclear) contra las prácticas de espionaje masivo, y que solo guarda tus datos de forma encriptada.

No hay por qué usar todas estas aplicaciones. No es que sean mejores ni más útiles que las que crecieron gracias a los fondos de inversión durante esta década de euforia en las *startups* de todo el mundo. Pero saber que existen alternativas funcionales a los unicornios —igual que conocer un poco mejor las luces y sombras que se esconden tras sus historias— también es una manera de conseguir que nuestra relación con la tecnología sea más sana que tóxica.

Agradecimientos

Este libro nunca habría salido a la luz sin la ayuda y la paciencia del equipo de Península, con Oriol y Rosario al frente, que confiaron en mí para contar estas historias y que han hecho posible que este relato llegue a quien pueda interesarle. Tampoco sin el apoyo de la sección de Economía con la que trabajo cada día en el diario *ARA* —y en especial de Albert Martín, responsable de coordinar este equipo de periodistas extraordinarios—, por entender los malabares de combinar la redacción de este libro con mi jornada laboral en el periódico.

Antes de dar por terminado el texto final, estas palabras han pasado por las manos de muchos compañeros, también de otros medios y profesiones (Aïda, Aina, Àlex, Ekaitz, Iván, Laia, Leandre, Mireia, Nacho, Neus, Núria, Paula, Sandra, Sergi, Xavier...), que han dedicado algo de su tiempo a leerme y aconsejarme. Gracias por vuestra generosidad. También quiero destacar las incontables horas de sugerencias y clases improvisadas sobre periodismo narrativo que me ha regalado Laia Seró, la mejor lectora y amiga que tengo la suerte de haber encontrado. A lo largo de este proceso he tenido el privilegio de contar con los ánimos de mi familia y amigos, que me han aguantado cuando me atacaban las dudas y los agobios. Y, sobre todo, quiero agradecérselo a las personas que, sin apenas conocerme, me han contado con detalle sus vidas y me han permitido plasmarlas a lo largo de estas páginas.

Notas

1. Así se hace un unicornio

1. L. Serranò, «Firenze, l'amarezza dei familiari del rider morto: "Lo hanno 'licenziato' dopo il decesso"», *La Repubblica*, 4 de octubre de 2022, <https://firenze.repubblica.it/cronaca/2022/10/04/news/firenze_rider_licenziato_dopo_morte-368460718/>.

2. A. Vivaldi, «Dopo la morte del rider parla il manager de Glovo: "Nessun algoritmo impone di correre"», *La Repubblica*, 8 de octubre de 2022, <https://firenze.repubblica.it/cronaca/2022/10/08/news/rider_morto_firenze_parla_glovo-369029287/>.

3. A. Lee, «Welcome to the Unicorn Club: Learning from billion-dollar startups», *Techcrunch*, 2 de noviembre de 2013, <https://techcrunch.com/2013/11/02/welcome-to-the-unicorn-club/>.

4. «The Complete List of Unicorn Companies», *CB Insights*, <https://www.cbinsights.com/research-unicorn-companies>.

5. G. Teare, «Global venture funding and unicorn creation in 2021 shattered all records», *Crunchbase*, 5 de enero de 2022, <https://news.crunchbase.com/business/global-vc-funding-unicorns-2021-monthly-recap/>.

6. J. Bhuiyan y D. Milmo, «“Embrace the chaos”: a history of Uber’s rapid expansion and fall from favour», *The Guardian*, 15 de julio de 2022, <https://www.theguardian.com/news/2022/jul/15/embrace-the-chaos-a-history-of-ubers-rapid-expansion-and-fall-from-favour>.

7. J. López Menacho, *La farsa de las startups. La cara oculta del mito emprendedor*, Madrid, Catarata, 2019.

8. N. Srnicek, *Capitalismo de plataformas*, Buenos Aires, Caja Negra, 2018.

9. A. Baricco, *The Game*, Barcelona, Anagrama, 2019.

1. Glovo: los mayordomos del siglo XXI

1. M. Mcloughlin, «Ikea ahora vende las “chapuzas” del hogar con las que fracasaron las “startups” españolas», *El Confidencial*, 10 de febrero de 2020, <https://www.elconfidencial.com/tecnologia/2020-02-10/ikea-task-rabbit-servicios-precios-reparaciones-caseras_2445883/>.

2. «Sant Joan de les Abadesses», *Enciclopèdia Catalana*, <https://www.enciclopedia.cat/gran-enciclopedia-catalana/sant-joan-de-les-abadesses>.

3. A. Porta i Tallant, «Les indústries tèxtils i les colònies industrials a Sant Joan de les Abadesses», Ajuntament de Sant Joan de les Abadesses, 2006, <https://www.santjoandelesabadesses.cat/images/stories/monografics/pdfs/2006.pdf>.

4. «La renda de les llars a Barcelona. Distribució per districtes, barris i seccions censals 2019», Ajuntament de Barcelona. Oficina Municipal de dades. Departament d’anàlisi, 2022, <https://ajuntament.barcelona.cat/barcelonaeconomia/sites/default/files/LA%20RENDA%20DE%20LES%20LLARS_2019.pdf>.

5. V. Amela, «Trabaja mientras otros descansan y vive

lo que otros sueñan», *La Vanguardia*, 6 de junio de 2019, <https://www.lavanguardia.com/lacontra/20191106/471422338299/trabaja-mientras-otros-duermen-y-vive-lo-que-otros-suenan.html>.

6. «Los 200 más ricos de 2022 en España», *El Mundo*, <https://www.elmundo.es/especiales/los-mas-ricos/index.html>.

7. G. Tapia, «Cambiar la sede para levantar capital», *El Periódico*, 28 de mayo de 2019, <https://www.elperiodico.com/es/mas-emprendedores/20190528/fondos-internacionales-ecosistema-start-up-7467274>.

8. «Doing Business in Delaware», Division of Revenue. Government of Delaware, 2021-2022, <https://revenue.delaware.gov/business-tax-forms/doing-business-in-delaware/>.

9. B. Gispert, «Los fundadores de Badi retoman el control y relanzan el negocio», *La Vanguardia*, 17 de febrero de 2022, <https://www.lavanguardia.com/economia/20220217/8062839/badi-alquiler-habitaciones-plataforma-aplicacion-pisos.html>.

10. «In Conversation with: Sacha Michaud – Cofounder @Glovo», *Heartcore Consumer Insights*, 19 de octubre de 2020, <https://heartcore.substack.com/p/in-conversation-with-sacha-michaud>.

11. A. Requena y M. Garijo, «Más de cien trabajadores de Deliveroo envían un burofax a la empresa para mejorar sus condiciones», *elDiario.es*, 28 de abril de 2017, <https://www.eldiario.es/economia/trabajadores-deliveroo-burofax-empresa-condiciones_1_3433125.html>.

12. E. Huldschiner, «Así fue como Niklas Östberg se hizo multimillonario en la comida para llevar» (traducción del sueco), *King Magazine*, 11 de junio de 2019, <https://www.king-magazine.se/sa-blev-niklas-ostberg-miljardar-pa-hamtmat/>.

13. K. Hara, A. Adams, K. Milland, S. Savage, C. Callison-Burch y J. P. Bigham, «A Data-Driven Analysis of

Workers' Earnings on Amazon Mechanical Turk», *Proceedings of the 2018 CHI Conference on Human Factors in Computing Systems* (2018), pp. 1-14, <https://arxiv.org/ftp/arxiv/papers/1712/1712.05796.pdf>.

14. L. Olías, «Ataques a varios *riders* en los chats de las asociaciones afines a Glovo y Deliveroo: "Hay que troncharles las piernas"», *elDiario.es*, 17 de mayo de 2021, <https://www.eldiario.es/economia/ataques-riders-chats-asociaciones-afines-glovo-deliveroo-hay-troncharles-piernas_1_7942165.html>.

2. Cabify: chóferes sin lujo

1. «La Velilla», Segovia Turismo PROdestur, <https://segoviaturismo.es/ven-a-segovia/destinos/otros-destinos-en-la-provincia-de-segovia/5601-la-velilla>.

2. M. Riaza, «El pueblo segoviano de 95 habitantes donde se crio el fundador de Cabify», *ABC*, 31 de julio de 2018, <https://www.abc.es/viajar/abci-pueblo-segoviano-95-habitantes-donde-crio-fundador-cabify-201807311928_noticia.html>.

3. B. Yubero, «Juan, el fundador de Cabify, un caso raro: vive en un piso de 60 metros aunque su compañía vale 1.200 millones», *El Español*, 31 de julio de 2018, <https://www.elespanol.com/reportajes/20180706/juan-fundador-cabify-metros-compania-vale-millones/320468920_0.html>.

4. F. Descalzo, «Juan de Antonio y Vicente Pascual (Fundadores de la plataforma Cabify): "Nuestra empresa ofrece una alternativa, porque cada vez hay más trabas para los coches particulares"», *El Adelantado*, 21 de enero de 2018, <https://www.eladelantado.com/segovia/juan-antonio-vicente-pascual-fundadores-la-plataforma-cabify-nuestra-empresa-ofrece-una-alternativa-vez-mas-trabas-los-coches-particulares/>.

5. J. Wortham, «With a start-up company, a ride is just a tap of an app away». *The New York Times*, 3 de mayo de 2011, <https://www.nytimes.com/2011/05/04/technology/04ride.html>.

6. I. García Méndez, «Cabify: Desentrañamos los secretos del primer unicornio español», *Emprendedores*, 24 de mayo de 2019, <https://www.emprendedores.es/lideres/cabify-unicornio-espanol-juan-de-antonio/>.

7. «Cabify refuerza su flota de vehículos en un 40 % durante la celebración del Mobile World Congress 2012 en Barcelona», *El Economista*, 23 de febrero de 2012, <https://www.eleconomista.es/empresas-finanzas/noticias/3770221/02/12/Cabify-refuerza-su-flota-de-vehiculos-en-un-40-durante-la-celebracion-del-Mobile-World-Congress-2012-en-Barcelona.html>

8. T. López Morales, «Juan de Antonio: "Hasta 2014, Cabify murió cinco veces"», *El País*, 2 de enero de 2018, <https://elpais.com/retina/2017/11/23/tendencias/1511432786_897539.html>.

9. «¡¿Que tal Barcelona?! Su uberPOP está llegando!», blog de Uber, 4 de abril de 2014, <https://www.uber.com/es-ES/blog/que-tal-barcelona-su-uberpop-esta-llegando/>.

10. M. Juste, «Cabify adelanta a Uber y alcanza la rentabilidad anual en España», *Expansión*, 19 de mayo de 2020, <https://www.expansion.com/economia-digital/companias/2020/05/19/5ec2ad04468aeb2f118b4587.html>.

11. M. J. Pereira, «Rosauro Varo: "Monté muchos negocios que fallaron pero aprendí una lección de cada fracaso"», *ABC*, 5 de febrero de 2018, <https://sevilla.abc.es/sevilla/sevi-rosauro-varo-monte-muchos-negocios-fallaron-pero-aprendi-leccion-cada-fracaso-201802040831_noticia.html>.

12. R. Sobrino, «Moove Cars amplía su liderato en licencias VTC en plena pandemia», *Cinco Días*, 25 de abril de 2021, <https://cincodias.elpais.com/cincodias/2021/04/23/companias/1619192714_343759.html>.

13. E. Camhaji, «Un viaje en Cabify, el último rastro de Mara Fernanda Castilla», *El País*, 17 de septiembre de 2017, <https://elpais.com/internacional/2017/09/13/mexico/1505327661_790292.html>.

14. E. Camhaji, «Puebla cancela el servicio de Cabify», *El País*, 19 de septiembre de 2017, <https://elpais.com/internacional/2017/09/18/mexico/1505747892_989631.html>.

15. J. Martínez, «Cabify se ajusta el cinturón para acelerar la rentabilidad antes de su potencial OPV», *La información*, 4 de octubre de 2019, <https://www.lainformacion.com/empresas/cabify-ajustes-gastos-rentabilidad-salida-bolsa/6514143/>.

16. «La matriz de Cabify perdió 43 millones de euros en el primer año de pandemia», *Europa Press*, 15 de mayo de 2022, <https://www.europapress.es/economia/noticia-matriz-cabify-perdio-43-millones-euros-primer-ano-pandemia-20220515113653.html>.

17. M. A. Méndez, «Cabify presenta un ERTE por el coronavirus: reduce plantilla, jornada y sueldos», *El Confidencial*, 17 de mayo de 2020, <https://www.elconfidencial.com/tecnologia/2020-03-17/cabify-erte-coronavirus-madrid_2503476/>.

18. M. Jiménez, «Grupo Auro desconecta la flota de Cibeles con Cabify y esta interpondrá medidas cautelares», *Cinco Días*, 25 de enero de 2022, <https://cincodias.elpais.com/cincodias/2022/01/24/companias/1643058899_953881.html>.

3. Jobandtalent: la fábrica de contratos

1. «Corto promocional de "Domicio". Cádiz Fitur 2022», canal de YouTube del Ayuntamiento de Cádiz, 2022, <https://www.youtube.com/watch?v=gebnFHgX1LU&t=64s>.

2. A. Martín, «Cádiz tiene la tasa de paro más alta de España tras Ceuta», *Diario de Cádiz*, 28 de abril de 2022, <https://www.diariodecadiz.es/noticias-provincia-cadiz/EPA-primer-trimestre-2022-cadiz-tasa-paro_0_1678632379.html>.

3. N. Sánchez, «Jobandtalent, la compañía española que nació delante de un café moca blanco y hoy vale 2.000 millones de euros», *El País*, 3 de junio de 2022, <https://elpais.com/economia/negocios/2022-06-03/jobandtalent-se-multiplica-y-ya-mira-a-la-bolsa.html>.

4. J. Soto, «Félix Ruiz: "Montar una empresita en España cuesta lo mismo que hacerlo en el mundo entero"», *Sun and Tech Málaga. Diario Sur*, 18 de noviembre de 2021, <https://sunandtech.diariosur.es/felix-ruiz-montar-una-empresita-en-espana-cuesta-lo-mismo-que-hacerlo-en-el-mundo-entero-20211118893/?ref=https%3A%2F%2Fwww.google.com%2F>.

5. P. Izquierdo, «500 invitados, Taburete, Juan Magán... La boda del fundador de Tuenti en Galicia», *Vanitatis El Confidencial*, 19 de julio de 2022, <https://www.vanitatis.elconfidencial.com/novias/2022-07-19/boda-fundador-tuenti-galicia-taburete_3463599/>.

6. A. Bustillo, «Jobandtalent cierra una ronda por 38 millones de euros», *Expansión*, 14 de junio de 2016, <https://www.expansion.com/emprendedores-empleo/emprendedores/2016/06/14/575fbc5ae2704ebb738b45a2.html>.

7. J. A. Cerrillo Vidal, «¿Qué fue de la lucha contra las ETT?», *Rebelión*, 11 de febrero de 2009, <https://rebelion.org/que-fue-de-la-lucha-contra-las-e-t-t/>.

8. J. Lacort, «El algoritmo de Jobandtalent, explicado», *Hipertextual*, 22 de diciembre de 2016, <https://hipertextual.com/2016/12/algoritmo-jobandtalent-explicado>.

9. N. Sánchez, «Jobandtalent, la compañía española que nació delante de un café moca blanco y hoy vale 2.000 millones de euros», *El País*, 3 de junio de 2022, <https://elpais.

com/economia/negocios/2022-06-03/jobandtalent-se-multiplica-y-ya-mira-a-la-bolsa.html>.

4. Idealista: el negocio de buscar techo

1. J. Encinar, «El sector público crea paro cuando se mete a empresario», *El blog de Jesús Encinar*, 17 de febrero de 2011, <https://www.jesusencinar.com/2011/02/el-sector-publico-crea-paro-cuando-se-mete-a-empresario.html>.

2. J. Bayort, «El fundador de Idealista: "Me endeudé para hacer un MBA en Harvard y salí motivado para crear mi negocio"», *ABC*, 22 de diciembre de 2022, <https://sevilla.abc.es/economia/sevi-fundador-idealista-endeude-para-hacer-hacer-harvard-y-sali-motivado-para-crear-negocio-202012221914_noticia.html>.

3. D. S. Adelantado, «¿Quién es Jesús Encinar? Así se ha convertido en el gran emprendedor del momento», *Emprendedores*, 15 de septiembre de 2020, <https://www.emprendedores.es/casos-de-exito/quien-es-jesus-encinar-idealista/>.

4. R. J. Lapetra, «Historia de una rivalidad: Fotocasa lleva a los tribunales a Idealista por un informe acerca de su contenido», *El Confidencial*, 30 de noviembre de 2009, <https://www.elconfidencial.com/economia/2009-11-30/historia-de-una-rivalidad-fotocasa-lleva-a-los-tribunales-a-idealista-por-un-informe-acerca-de-su-contenido_606784/>.

5. J. Encinar, «Jesús Encinar explica la burbuja inmobiliaria», *Idealista News*, 28 de abril de 2011, <https://www.idealista.com/news/inmobiliario/vivienda/2011/04/28/319438-jesus-encinar-explica-la-burbuja-inmobiliaria-espanola-video?page=3>.

6. J. Encinar, «Me he comprado un piso», *El blog de Jesús Encinar*, 24 de octubre de 2010, <https://www.jesusencinar.

com/2010/10/texto-me-he-comprado-casa-hace-un-a%C3%B10-publiqu%C3%A9-un-tweet-que-sin-quererlo-dio-mucho-que-hablar-hab%C3%ADa-decidido-comprar.html>.

7. A. Ávalos, «Así es la casa de Fernando Encinar, el cofundador de Idealista», *S Moda El País*, 27 de mayo de 2016, <https://smoda.elpais.com/moda/asi-la-casa-fernando-encinar-fundador-idealista/>.

8. R. Casado y A. Polo, «¿Cuánto vale Idealista?», *Expansión*, 4 de marzo de 2020, <https://www.expansion.com/empresas/2020/03/04/5e5ebfcf468aeb763c8b4725.html>.

9. A. Plaza, «El imperio "post Idealista" de los Encinar: controlan los pisos más rentables de Madrid», *El Confidencial*, 19 de marzo de 2018, <https://www.elconfidencial.com/empresas/2018-03-19/encinar-idealista-vivienda-alquiler-madrid-vallecas_1536221/>.

10. Twitter de Jesús Encinar, 16 de abril de 2020, <https://twitter.com/JesusEncinar/status/1250893462691557376>.

11. Twitter de Jesús Encinar, 13 de abril de 2020, <https://twitter.com/JesusEncinar/status/1249599351632125952?ref_src=twsrc%5Etfw>.

12. Twitter de Jesús Encinar, 5 de abril de 2020, <https://twitter.com/jesusencinar/status/1246720576187752448>.

13. Twitter de Jesús Encinar, 17 de enero de 2018, <https://twitter.com/JesusEncinar/status/953407412551192577>.

14. Twitter de Jesús Encinar, 29 de agosto de 2020, <https://twitter.com/JesusEncinar/status/1299677321427910656>.

15. A. Criado, «Encinar: "El impuesto a los ricos es tan injusto que hará que dejen de serlo"», *El Español*, 17 de mayo de 2020, <https://www.elespanol.com/invertia/20200517/encinar-impuesto-ricos-injusto-hara-dejen-serlo/490451248_0.html>.

16. Twitter de Jesús Encinar, 15 de abril de 2020, <https://twitter.com/JesusEncinar/status/1250460870649491459>.

17. Twitter de Jesús Encinar, 8 de septiembre de 2017, <https://twitter.com/jesusencinar/status/906228861649784832>.

18. «El Sindicat de Llogaters desborda el Casinet d'Hostafrancs en la presentació en societat», *Betevé*, 12 de mayo de 2017, <https://beteve.cat/economia/sindicat-llogaters-desbordats-presentacio-societat-casinet-hostafrancs/>.

19. «El Sindicato de Inquilinos de Barcelona orquesta la cacería contra una propietaria particular», *Idealista News*, 25 de octubre de 2019, <https://www.idealista.com/news/inmobiliario/vivienda/2019/10/24/778104-el-sindicato-de-inquilinos-de-barcelona-orquesta-la-caceria-contra-un-propietario>.

20. Facebook del Sindicat de Llogaters, 23 de septiembre de 2021, <https://www.facebook.com/watch/?v=229525149190321>.

21. M. Igartua, «EQT compra Idealista por 1.321 millones: la mayor operación de una empresa "online" en España», *Expansión*, 10 de septiembre de 2020, <https://www.elconfidencial.com/empresas/2020-09-10/eqt-se-impone-a-kkr-y-compra-idealista-por-1-300-milllones_2742451/>.

22. P. Bravo y R. Arroyo, «Así se gestó la mayor compra online de España», *Expansión*, 11 de septiembre de 2020, <https://www.expansion.com/empresas/2020/09/10/5f5a75fce5fdea8d768b45bd.html>.

23. «Wallenberg family», Wikipedia en inglés, <https://en.wikipedia.org/wiki/Wallenberg_family>.

¿Qué hay en tu móvil?

1. H. G. Barnés, «Pedir un cubata por Amazon o por qué pagas para que alguien viva peor que tú», *El Confidencial*, 27 de enero de 2018, <https://blogs.elconfidencial.com/alma-

corazon-vida/tribuna/2018-01-27/cubata-amazon-negocio-vivir-peor_1511933/>.

2. P. Rodilla, «¡Hola, buenas noches!», canal de YouTube de Notodofilms, 5 de marzo de 2018, <https://www.youtube.com/watch?v=pxkXz_gOCQc>.

3. Carro de Combate, *Consumismo crítico. El activismo rebelde y la capacidad transformadora de la solidaridad*, Madrid, Catarata, 2021.

4. A. Puente, «Los repartidores que plantan cara a Glovo y Deliveroo ya tienen donaciones suficientes para lanzar su propia "app"», *elDiario.es*, 13 de agosto de 2018, <https://www.eldiario.es/catalunya/politica/repartidores-glovo-deliveroo-donaciones-suficientes_1_1982145.html>.

5. «La federación», web de Coopcycle, <https://coopcycle.org/es/federacion/>.

6. R. Martín, «Las Mercedes: "delivery" justo, feminista y sostenible», *Time Out*, 22 de marzo de 2021, <https://www.timeout.es/barcelona/es/noticias/las-mercedes-delivery-justo-feminista-y-sostenible-032221>.

7. M. Negro, «La Pájara, la cooperativa que planta cara a las plataformas de reparto de comida», *El País*, 29 de agosto de 2021, <https://elpais.com/espana/madrid/2021-08-29/la-pajara-la-cooperativa-que-planta-cara-a-las-plataformas-de-reparto-de-comida.html>.

8. P. Reguero Ríos, «Las kellys quieren crear un Booking de hoteles libres de explotación laboral», *El Salto Diario*, 20 de julio de 2020, <https://www.elsaltodiario.com/turismo/kellys-central-reservas-trabajo-justo>.

9. J. Brandel, M. Zepeda, A. Scholz y A. Williams, «Zebras: let's get in formation», *Medium*, 11 de julio de 2017, <https://medium.com/zebras-unite/zebras-lets-get-in-formation-fdcbc72fec4a>.